W0055923

Ulrich Wickert
*Salut les amis*

ULRICH WICKERT

# Salut
# les amis

Meine Geschichte
der deutsch-französischen
Beziehungen

*Mehr über unsere Autorinnen, Autoren und Bücher:*
www.piper.de


Von Ulrich Wickert liegen im Piper Verlag vor:
Das achte Paradis
Der nützliche Freund
Die Schatten von Paris
Frankreich muss man lieben, um es zu verstehen
Gauner muss man Gauner nennen
Identifiziert euch!
Nie die Lust aus den Augen verlieren
Salut les amis

Inhalte fremder Webseiten, auf die in diesem Buch
(etwa durch Links) hingewiesen wird, macht sich der
Verlag nicht zu eigen. Eine Haftung dafür übernimmt der
Verlag nicht. Wir behalten uns eine Nutzung des Werks
für Text und Data Mining im Sinne von § 44b UrhG vor.

ISBN 978-3-492-05962-6
4. Auflage 2024
© Piper Verlag GmbH, München 2024
Satz: Uhl + Massopust, Aalen
Gesetzt aus der Meridien LT
Litho: Lorenz & Zeller, Inning am Ammersee
Druck und Bindung: GGP Media GmbH, Pößneck
Printed in Germany

# Inhalt

# Einige Worte zum Anfang

»Der Bundeskanzler ist empört!«, beklagten sich Mitarbeiter von Olaf Scholz im Frühjahr 2024. Natürlich nur im Hintergrundgespräch! Er ist empört über den französischen Präsidenten Emmanuel Macron. Der hatte sich in einer Pressekonferenz in Paris süffisant über die deutsche Politik geäußert, als Olaf Scholz sich gegen Macrons Idee vom Einsatz von NATO-Soldaten in der Ukraine ausgesprochen hatte. Macron lästerte, dass die Deutschen zu Beginn des Ukraine-Krieges Helme und Schlafsäcke zur Unterstützung angeboten hatten.[1]

Die Presse beider Länder nimmt sich immer genüsslich vermeintlicher Krisen zwischen dem »couple franco-allemand – dem deutsch-französischen Paar« an.

Die französische Tageszeitung *Le Monde* widmete zwei ganze Seiten dem »tandem à l'épreuve de la guerre – dem vom Krieg geprüften Gespann«[2] und beschrieb den Kampf um die Führerschaft in Fragen der Verteidigung. Das ist in der politischen Beziehung zwischen Paris und Berlin nichts Neues. Mal ist der Kanzler empört, mal bemängelt der französische Präsident Emmanuel Macron öffentlich, Deutschland isoliere sich zunehmend in Europa. Und dem folgt das Echo. Macrons Klage nahm Jacques Attali, ein in Frankreich hochgeschätzter Intellektueller und ehemaliger Berater der Präsidenten François Mitterrand und Nicolas Sarkozy, aber auch Mentor von Emmanuel Macron, zum Anlass für die Warnung, Deutschland dominiere Frankreich. Deshalb müsse die Integration Europas schnell vollzogen werden, sonst werde ein neuer Krieg zwischen Deutschland und Frankreich vor Ende des Jahrhunderts möglich sein.[3] Da ist sie wieder, die Angst vor dem »nächsten Krieg mit Deutschland«. Als ich die Warnung Attalis las, schüttelte ich den Kopf und dachte mir sofort: »Quatsch. Der Mann lebt im falschen Jahrhundert.«

Das Thema der Angst vor einem zu starken Deutschland belebt offensichtlich bei französischen Intellektuellen immer noch den Gedanken an Krieg. So erschien einige Zeit vor dem Schreckensschrei von Attali ein Buch mit ähnlichem Titel: *Vom nächsten Krieg mit Deutschland*. Ich sagte mir damals: Seit der letzten Schlacht herrschen Freundschaft, Wohlstand und Frieden. Mit solch einer sensationsheischenden und populistischen Überschrift wollen Autor und Verlag nur einfältige Käufer ködern. Fällt denn auf diesen Trick heute noch jemand rein – so lange nach dem letzten Krieg?

Dreiundzwanzig Kriege haben Frankreich und Deutschland in den vergangenen vierhundert Jahren gegeneinander geführt. Der letzte, der Zweite Weltkrieg, war so mörderisch, dass in der Folge gerade in diesen beiden Nationen die Idee eines geeinten Europas geboren wurde, um endlich dauerhaft Frieden zu schaffen.

Und dieses Ziel wurde Schritt für Schritt umgesetzt. Den ersten deutsch-französischen Freundschaftsvertrag unterzeichneten zwei alte Politiker, Charles de Gaulle und Konrad Adenauer, die von den letzten Kriegen persönlich geprägt waren. Sie schufen ein Geflecht von bürgerschaftlichen Beziehungen zwischen den Völkern. Das deutsch-französische Jugendwerk sorgte für den Austausch zwischen Jugendlichen, Städtepartnerschaften leiteten so manch eine deutsch-französische Ehe ein. Ein französischer Präsident Giscard und ein deutscher Kanzler Schmidt legten den Grundstein für eine europäische Währung und gründeten den G7-Gipfel. Der französische Präsident Mitterrand stand Hand in Hand mit dem deutschen Bundeskanzler Kohl auf dem Gräberfeld von Verdun – siebzig Jahre nach Ende des Ersten Weltkriegs. Ein Jahr zuvor hatten sie eine deutsch-französische Brigade ins Leben gerufen.

Das nach dem Zweiten Weltkrieg geteilte Deutschland wurde nach der Zeit des Kalten Krieges wiedervereinigt, Europa gedieh und einigte sich sogar auf eine gemeinsame Währung; auch um zu verhindern, dass sich ein durch die neue Einheit gestärktes Deutschland wieder aus der Westbindung – Europäische Gemeinschaft und NATO – löste und anstrebte, eine selbstständige Mittelmacht mit osteuropäischen Satelliten und einer eigenen Atomstreitmacht zu werden. Weshalb jetzt also die Befürchtung eines »nächsten Krieges«?

»Das Unverständnis ist total: Deutschland beunruhigt und erschreckt uns«, meint Autor Philippe Delmas, Absolvent der Eliteschule ENA, einst Berater von Außenminister Roland Dumas in Verteidigungsfragen, später Vorstand bei Airbus. Die Angst vor Deutschland sei – mehr als fünfzig Jahre nach Kriegsende – das größte Problem der Franzosen, wenn Deutschland drohe, die europäische Konstruktion zu verlassen, »denn das, sagte de Gaulle, kann nur mit einem Krieg geregelt werden«[4] – so Delmas.

Heute kann ich mir einen »nächsten« Krieg zwischen Franzosen und Deutschen nicht mehr vorstellen. Allerdings war Krieg gegen Frankreich für mich als junger Schüler ein Normalzustand.

# Die Schatten der Vergangenheit

Die erste Erinnerung, die mich mit Frankreich verbindet, stammt aus dem Jahr 1956, nur elf Jahre nach Ende des Zweiten Weltkriegs, zwölf Jahre nach der alliierten Landung in der Normandie und der Befreiung von Paris und fast ganz Frankreichs von den Deutschen.

Die Familie war aus Heidelberg nach Paris gezogen, wo mein Vater als Diplomat bei der deutschen Vertretung der NATO arbeiten würde. Deutschland war seit 1955 Mitglied des atlantischen Verteidigungsbündnisses, dessen Hauptquartier sich damals noch in Paris befand.

Im Sommer mieteten wir uns ein Haus am Meer in Franceville an der normannischen Küste. Ich war dreizehn Jahre alt. Die Spuren der Kämpfe vom D-Day, der Landung der Alliierten im Juni 1944, waren noch überall gegenwärtig. Bunkeranlagen in den Dünen, verrostetes Kriegsgerät an den Stränden, hie und da versunkene Landungsboote. Ganz nebenbei: Noch heute verwenden viele Deutsche ganz nachlässig den von den Nazis benutzten Begriff »Invasion« für die alliierte Landung, die ja keineswegs eine Invasion – kein feindliches Einrücken in fremdes Gebiet – war, sondern zur Befreiung Frankreichs von den deutschen Besatzern führte.

Auch in Franceville war im Juni 1944 heftig gekämpft worden. Schon gleich nach unserem Einzug in das gemietete Häuschen hatte jemand nachts Hakenkreuze an den Zaun gepinselt. Wir Kinder wussten nicht, was dieses Zeichen bedeutete. Auf dem Friedhof von Franceville standen einige Holzkreuze über Gräbern deutscher Soldaten. Unser Vater kaufte einen Topf schwarzer Farbe und gab uns auf, sie zu streichen. Eine alte Frau aus dem Dorf sah das und gab mir die Erkennungsmarken der Gefallenen. Ich schickte sie an das Rote Kreuz in Deutschland, das mir später genaue Angaben über die Toten mitteilte. Sie waren alle gerade einmal zwanzig Jahre alt geworden.

Ein paar Monate zuvor war ich in Paris in die SHAPE International School gesteckt worden, eine Schule, die den Namen des Hauptquartiers der NATO trug, denn hier wurden die Söhne und Töchter von Mitarbeitern der Organisation unterrichtet. Die deutschen Kinder wurden morgens mit einem Bus der Bundeswehr zur Schule und abends nach Hause gefahren. Ein Bus in dunkelgrüner, matter Militärfarbe, den ein Soldat in deutscher Uniform steuerte. Für mich bedeutete das jeweils eine Stunde Fahrt. Der Schulbesuch fiel mir nicht leicht, da ich bis dahin nur knapp drei Sätze Französisch sprach. In Heidelberg war ich auf ein humanistisches Gymnasium gegangen, wo man Latein und Griechisch lernte.

Der französische Lateinlehrer an der Schule sagte

mir in freundlichem Ton: »Du kannst den Latein-
text auch ins Deutsche übersetzen. Ich verstehe
das. Ich war nämlich in deutscher Kriegsgefangenschaft.« Aber ich möge bitte nicht in Sütterlinschrift
schreiben, die könne er nicht lesen. Ich dagegen
hatte diese deutsche Handschrift noch in der Volks-
schule gelernt. Der Lehrer behandelte mich mit dem
gleichen Respekt wie alle anderen und ließ mich
nicht spüren, dass unsere beiden Völker vor Kurzem noch Feinde gewesen waren, die sich gegenseitig totschossen.

Die tägliche Fahrt im Bus war lästig und der
Unterricht in der SHAPE School so wirr und chao-
tisch, dass wir häufig schwänzten. Zur Überra-
schung meiner Eltern bat ich, in eine andere Schule
gehen zu dürfen.

Nur zehn Minuten mit dem Fahrrad von zu
Hause lag »La Source – die Quelle«, noch heute ein
renommiertes Montessori-Institut, das mich auf-
nahm. Meine Klasse bestand nur aus zwölf französischen Jungs und Mädchen, die mich wie ihres-
gleichen behandelten. Bald sprach ich fließend
Französisch. Und für meine Mitschüler war ich ein
Franzose.

Aber mir wurde mit der Zeit klar: Zum wahren
Verständnis zwischen Völkern gehört mehr als nur
die Sprache.

In Heidelberg hatten wir im Geschichtsunterricht
gelernt, dass die Franzosen im Pfälzischen Erbfolgekrieg Ende des 17. Jahrhunderts Heidelberg viermal
überfallen und zerstört hatten. Und da wir Schüler uns als Kurpfälzer empfanden und ständig auf

die schöne Schlossruine schauten, empfanden wir den lang zurückliegenden Krieg als persönlichen Angriff. Wir waren betroffen von den Grausamkeiten der französischen Truppen. Sie hatten Hunderte Heidelberger in die Heiliggeistkirche gesperrt und das Gotteshaus dann angezündet. Viele Familien kamen dabei ums Leben. Erst als die Balken und die Glocken herabstürzten, wurden auf Flehen eines jungen reformierten Pfarrers die Pforten geöffnet.

Der französische Brigadier Comte du Mélac, der für diese Grausamkeiten bei der Zerstörung der Stadt verantwortlich war, war in Heidelberg um 1950, als ich dort zur Schule ging, unvergessen. Denn manche Leute nannten ihre Hunde in Erinnerung an die von ihm befohlenen Gräueltaten »Mélac«.

Ende der 1980er-Jahre erlebte mein französischer Freund Maurice Gourdault-Montagne, später französischer Botschafter in Berlin, in Mainz eine ähnliche Szene, die er in seiner Biografie schildert:

»Ich ging in der Gegend von Mainz spazieren und kehrte auf der Terrasse eines Gasthofes ein, als ich zu meinem Erstaunen hörte, wie eine alte Frau ihren herumlaufenden Hund rief: ›Mélac, komm her!‹ Der Hund hieß Mélac, genannt nach dem General von Ludwig XIV., der in dieser Gegend berüchtigt war wegen Machtmissbrauchs und Kriegsverbrechen während der Kriege des 17. Jahrhunderts, und die Brandschatzung der Pfalz hat nun einmal stattgefunden. Selbst wenn die alte Frau den Hund aus Gewohnheit so genannt hat, ohne den Sinn zu kennen, so müssen doch die Ereignisse und der, der sie verursacht hat, die Bevölkerung so stark geprägt haben, dass Jahrhunderte später noch Haustiere solch einen Namen erhielten...«[5]

In Heidelberg trug mein Gymnasium den Namen des ehemaligen pfälzischen Kurfürsten Friedrich II., der diese Schule 1546 gegründet hatte, um Schüler als künftige Studenten für die schon 1386 errichtete Universität Heidelberg heranzuziehen. Unser Namenspatron lag in der Heiliggeistkirche begraben, die Mélac von seinen Leuten anzünden ließ. Deshalb interessierten uns die Gräuelgeschichten aus dem Pfälzischen Erbfolgekrieg besonders. Die Gründe für diesen Krieg lagen nach Ansicht unseres Geschichtslehrers weit zurück.

Im Jahr 855 ging das Mittelfränkische Reich unter. Von da an stritten sich das Westfränkische Reich, aus dem Frankreich entstand, und das Ostfränkische Reich, das damals von Ludwig dem Deutschen regiert wurde, um die Gebiete rechts und links des Rheins. Was als Familienstreitigkeit der Nachkommen Karls des Großen begann, wurde über die Jahrhunderte hinweg ein Kampf um Ländereien und Macht.

Besonders machthungrig zeigte sich im 17. Jahrhundert Ludwig XIV., der jeden Vorwand nutzte, um die Grenzen Frankreichs an den Rhein vorzuschieben. Nachdem er den Spaniern Teile der Niederlande und Luxemburgs abgenommen hatte, ließ er sich als »Ludwig der Große« feiern, rühmte Frankreich als *la grande nation* und beschloss mit einer windigen Begründung, das Erbe von Kurfürst Karl II. zu beanspruchen. Des Königs Bruder, Herzog Philipp von Orléans, hatte Lieselotte von der Pfalz, die Schwester des kinderlos gestorbenen Kurfürsten, geheiratet. Bei der Eheschließung war ihr Erbverzicht ausgehandelt worden. Doch diesen Ehevertrag ließ König Ludwig XIV. 1688 kurzerhand vom Pariser Parlament für nichtig erklären und schickte seine Truppen über den Rhein. Denn er wusste seinen deutschen Gegenspieler Kaiser Leopold I. an der östlichen Front von den Osmanen bedrängt. Dessen Truppen würden Frankreichs Armeen nicht an der Besetzung der Pfalz hindern.

Den französischen Soldaten gelangen zunächst schnelle Siege. Erst nach einigen Monaten bildete sich eine antifranzösische Koalition in Deutschland, um die Franzosen zurückzuschlagen. Die gingen allerdings mit größter Brutalität gegen die deutsche Bevölkerung vor. Der französische Kriegsminister Marquis de Louvois schrieb seinen Generälen: »Seine Majestät legt Ihnen nahe, alle Orte entlang des Neckar, die Sie verlassen, gründlich zu zerstören, damit die Feinde hier weder Futter noch Lebensmittel finden und deshalb auch gar nicht versucht werden, sich ihnen zu nähern.«

Auf einer Landkarte wurden Mannheim, Heidelberg, Worms und Bingen markiert. Aber auch andere Städte in der Kurpfalz ließ Mélac zerstören und verfolgte eine Politik der verbrannten Erde mit der Begründung, es herrsche Krieg.

In Flugblättern, die damals in mehreren Sprachen in ganz Europa erschienen, wurde die Berufung auf das Kriegsrecht verurteilt und der französische König Ludwig XIV. als Verbrecher bezeichnet. Die Franzosen wurden als »Erbfeind« der Christenheit mit den Osmanen gleichgesetzt.

Der Begriff Erbfeind bezeichnete damals den Satan, den Teufel. Er kommt zum ersten Mal in der 1575 in »Franckfurt am Mayn« gedruckten Schrift *Theatrum Diabolorum* vor. In diesem Text wurden die muslimischen Türken als »Erbfeinde« bezeichnet, und da Ludwig XIV. sich aus machtpolitischen Gründen nicht an der »Heiligen Liga« zur Verteidigung des Christentums gegen das angreifende Osmanenreich beteiligte, um seinerseits ungestört Elsass und Lothringen zu erobern, bezog die katholische Kirche, die damals erheblichen Einfluss auf die öffentliche Meinung hatte, den Begriff vom »Erbfeind« auch auf Frankreich. Ein Begriff, der in Deutschland damals jedoch politisch kaum aufgegriffen wurde. Der Rhein wurde zur Grenzlinie zwischen dem Reich und den angeblich »blutrünstigen« Franzosen.

Zu meinen Erinnerungsstücken gehört auch ein Foto, das mir mein Großvater mitbrachte, als er uns 1957 in Paris besuchte. Es zeigt ihn am 22. Januar 1914 in Galauniform mit Pickelhaube, als er die Ehre hatte, als Leutnant der Reserve im »Infanterie-Regiment Graf Schwerin (3. Pomm.) Nr. 14« vor dem Kaiser zu dessen Geburtstag im Rittersaal des königlichen Schlosses in Berlin zu defilieren. Auf die Rückseite des Bildes hatte er geschrieben: »Erinnerung an stolze deutsche Vergangenheit«. Wir Enkel lachten heimlich über diese uns mittelalterlich erscheinende Verkleidung. Pickelhaube! So was konnte man in Paris billig auf dem Flohmarkt kaufen.

Als Fünfjähriger hatte mich Großvaters Glatze fasziniert und ich strich gern darüber, wenn er in seinem Ohrensessel saß und Pfeife rauchte. Er schien es zu genießen. Später stellte ich fest, dass er sich regelmäßig einen breiten weißen Haarkranz abrasierte. Als ich ihn fragte, weshalb er die Haare nicht wachsen ließ, erklärte er mir, er habe sich im Ersten Weltkrieg daran gewöhnt, die Haare zu rasieren, denn auf einer Glatze hielt der innen mit Ledergurten versehene Pickelhelm besser.

Mein Großvater hatte schon ab August 1914 am Feldzug gegen Frankreich teilgenommen. Als er uns in Paris besuchte, hatte er ein besonderes Anliegen, mit dem er meinen Vater belästigte. Denn mein Vater hatte zu meinem Großvater noch aus seiner Studentenzeit in den 1930er-Jahren ein gestörtes Verhältnis. Mein Großvater lebte im Geiste seiner Zeit als Offizier, mein Vater hatte mit Erfolg alles unternommen, um nicht dienen zu müssen.

Aber nun war Großvater nach Paris gereist, um von hier aus noch einmal zu den alten Schlachtfeldern an der Marne zu fahren. Einen ganzen Tag chauffierte mein Vater seinen Vater nach dessen Angaben durch die Gegend nordöstlich von Paris. Sie kamen schweigend zurück.

Sehr viel später konnte ich im Hausbuch der Familie lesen, was mein Großvater im Krieg erlebt hat. Das Buch hatte schon sein Vater 1920 angelegt, um niederzuschreiben, »was ich von meinem Vater selig von unserem Herkommen hörte«. Diese Chronik hat mein Großvater dann weitergeführt – beide schrieben in der alten Sütterlinschrift. Sachlich, ohne literarischen Anspruch, beschreibt er schreckliche Kriegsszenen, wie sie – mit unterschiedlicher Absicht, aber ähnlicher erzählerischer Kraft – Ernst Jünger in *In Stahlgewittern* und Erich Maria Remarque in *Im Westen nichts Neues* schildern.

Da heißt es zum 26. August 1914: »Im ersten Gefecht betrugen die Verluste unserer Kompanie 15 Mann. Davon 1 Fähnrich verwundet. Der Bataillonskommandeur, Major Giese, fiel als einer der Ersten. Die Franzosen hatten schreckliche Verluste.«

Einen Tag später, am 27. August: »Eigene Verluste: 2 Mann tot, 3 Mann verwundet.«

Am 28. August: »Gefecht bei Morval. Unsere Verluste wieder 5 Mann, ich selbst bekam nur einen Granatsplitter gegen die Stiefelgamasche… Aber am 29. selbst hatten wir bis dahin blutigste Gefechte bei Mericourt… Unsere Verluste in der Kompanie waren groß, etwa 80 Mann. Alle Zugführer waren verwundet, darunter auch ich. Ich hatte einen Granatsplitter durch den Helm über das rechte Auge bekommen. Einige Stunden lag ich besinnungslos; als ich aufwachte, fand ich neben mir einen Feldwebel tot und 3 Mann verwundet. Gegen Mitternacht kam ich ins Biwak zur Kompanie; dort hatte man mich schon tot gemeldet. Nach Anlegung eines Verbandes blieb ich bei der Kompanie.«

Mein Großvater dachte bis zu seinem Lebensende eher wie Ernst Jünger: Krieg ist ein Stahlgewitter. In den ersten Septembertagen 1914 notiert er über die Schlacht nördlich von Paris: »Ich konnte von meiner vorgeschobenen Stellung gut beobachten, dass der Kampf zu unseren Gunsten auslief. Die Franzosen hatten schreckliche Verluste. Bataillonsweise wurden sie niedergemäht. Es fehlte von uns aus nur noch der letzte Sturm. Den Befehl dazu erhielt ich am 9. abends 20:00 Uhr ... Ich ließ alles zum Sturme vorbereiten – Sturmgepäck fertig machen, Mantel rollen, Seitengewehr aufpflanzen usw. Es war mir klar, dass von den ersten Sturmreihen – das waren wir – keiner lebend davonkommen würde, aber das war nicht zu ändern.« Doch nach zwei Stunden »kam von hinten der Befehl zum Rückmarsch. Der unselige Abbruch der Schlacht, das Marnewunder der Franzosen!«.

Ende November wurde mein Großvater an die Ostfront versetzt, im Januar 1915 mit einer Lungenkrankheit ausgemustert. Im Oktober 1914 hatte er das EK II erhalten, im August 1918 noch das EK I. Bis zu seinem Lebensende war er überzeugt, dass die Armee im Ersten Weltkrieg »im Felde unbesiegt« geblieben war. In seinen Erinnerungen ist Frankreich zwar stets der Gegner, aber er nennt ihn nie den »Erbfeind«.

Als Großvater abends vom Ausflug an die Marne zurückkam, meinte er: »Die Deutschen hätten weiter vorrücken sollen und Paris nehmen können. Wir vorne hätten es zwar alle nicht überlebt. Aber das wäre auch nicht zu ändern gewesen.« Eine Erinnerung aus einer anderen Zeit an eine andere Welt.

Wenn ich dies heute lese, dann schüttle ich nur den Kopf. Zu fern erscheint das alles. Und doch ist es nah: Als ich mit Claire, einer französischen Freundin in Südfrankreich, über die besondere Beziehung der Deutschen und Franzosen redete, erzählte sie mir die Geschichte ihrer Familie. Claire war in einem kleinen Ort in der Mitte Frankreichs aufgewachsen, hatte Anfang der 1970er-Jahre einen Deutschen geheiratet und mit ihm in Deutschland zwei Kinder bekommen, die einen deutschen und einen französischen Pass erhielten. In beiden Familien wurde nicht über den Krieg gesprochen. Erst Claires Sohn fing an, sich für die Familiengeschichte zu interessieren, und fand heraus, dass der deutsche Großvater im Ersten Weltkrieg im gleichen Frontabschnitt wie der französische Großvater gekämpft hatte. Beide hatten mit Kanonen auf den jeweils anderen gefeuert.

Da war sie greifbar, die »deutsch-französische Erbfeindschaft«, die Schriftsteller, Historiker und Politiker auf beiden Seiten veranlasst hatte, die Geschichte so zu interpretieren, dass sie in die Idee einer »Feindschaft« passte, die angeblich nur durch Krieg überwunden werden konnte. Den Deutschen diente der »Erbfeind« in der zweiten Hälfte des 19. Jahrhunderts sogar dazu, die eigene nationale Identität zu begründen.

Wie lange die Hassgefühle auch bei Franzosen nach dem deutsch-französischen Krieg 1870/71 noch wach geblieben sind, schilderte mir 1987 – damals war ich Korrespondent in Paris – ein Bekannter meiner Großeltern in einem Brief, über den ich heute noch schmunzle.

Am Abend des 16. August 1907 besuchte mein Urgroßvater zusammen mit zwei Deutschen, darunter der Vater des Briefschreibers, in Paris das Kabarett *Tabarin*. In dem Brief heißt es: »Bei diesem Besuch kam es zu einem Zwischenfall, der Ihren

Urgroßvater in höchste Lebensgefahr brachte. Im Varieté-Programm trat eine Deutsch sprechende Artistengruppe auf, deren Mitglieder sich vor jeder schwierigen Aktion auf Deutsch das Wort ›fertig‹ zuriefen. Hierzu bemerkte Ihr Urgroßvater, unter dem Gelächter der beiden anderen Herren, in Bezug auf den Ausdruck ›fertig‹, ›das ist das erste vernünftige Wort, das ich in Paris gehört habe‹.

Am Nebentisch müssen einige Franzosen gesessen haben, die dies hörten und in den falschen Hals kriegten, entweder im Hinblick auf die Niederlage vom 16. August [am 16. August 1870 besiegten zwei preußische Korps die zahlenmäßig deutlich überlegene komplette »Französische Rheinarmee« und zwangen diese zum Rückzug in die Festung Metz] oder auf den Ausspruch eines französischen Militärs: ›Nous sommes archiprêts – Wir sind erzfertig‹.

Als nach dem Schluss der Vorstellung die Besucher sich im Vestibül ihre Garderobe aushändigen ließen, wurde auf Ihren Urgroßvater ein Schuss abgefeuert, der seinem Kopf galt, aber gottlob nur oben durch den Hut ging. In dem allgemeinen Tumult konnte der Mordschütze unerkannt entkommen.« Die drei Parisreisenden nahmen es mit Humor.

Ich hingegen – nur drei Generationen später – habe den Rang eines Offiziers der französischen Ehrenlegion, ernannt von Präsident Jacques Chirac, wegen meines Einsatzes für die deutsch-französische Verständigung. Und ich bin *Secrétaire perpétuel* der *Académie de Berlin*, die sich ganz im Sinne Voltaires, der einige Zeit am Hof von Friedrich dem

Großen verbracht und mit dem preußischen König einen langen Briefwechsel geführt hat, dem Austausch der Kulturen und der Pflege der Sprachen zwischen Frankreich und Deutschland widmet.

# Aller Anfang

Aber zwischen den Ferien in der Normandie 1956 und heute liegt eine lange Entwicklung mit vielen Erinnerungen, die mich geprägt haben.

Weil das französische *baccalauréat* zu meiner Schulzeit nicht anerkannt wurde, um sich zum Studium in Deutschland einzuschreiben, machte ich das Abitur auf einem deutschen Internat und meldete mich 1961 an der Rheinischen Friedrich-Wilhelms-Universität in Bonn an. Mein Vater war von Paris ins Auswärtige Amt in die damalige deutsche Hauptstadt versetzt worden.

Es dauerte allerdings nicht lange, bis beide Länder übereinkamen, die gegenseitigen Schulabschlüsse anzuerkennen. Es war eine der vielen segensreichen Folgen des Elysée-Vertrages von 1963, mit dem die Zeiten der »Erbfeindschaft« für immer beendet werden sollten – und auch wurden.

Diese Entwicklung bekam ich aus amerikanischer Sicht mit, da ich in jener Zeit mit einem Stipendium für politische Wissenschaften in den USA studierte – und mein Blick auf ganz andere Ereignisse gerichtet war. Im Oktober 1962 war die Kuba-Krise ausgebrochen. Sie hatte alle um mich herum in der Stadt

Middletown in Connecticut – wie auch die westliche Welt insgesamt – in Schrecken versetzt. Die sowjetischen Atomraketen wären von Kuba aus bis nach Middletown geflogen, wo meine amerikanische Alma Mater, die Wesleyan University, lag.

Nach der Kuba-Krise trafen sich US-Präsident John F. Kennedy und der britische Premierminister Harold Macmillan auf den Bahamas und beschlossen die *Vereinbarung von Nassau*, wonach die USA Großbritannien unter seinen Atomschirm integrierte, weshalb die Briten auf den Bau einer eigenen Atomstreitmacht verzichten würden.

Der französische Präsident Charles de Gaulle sah jedoch in dem Abkommen den Versuch der USA, sich Europa in der Weltpolitik einzuverleiben. De Gaulle träumte aber von einem selbstständigen Europa – selbstverständlich unter französischer Führung. Er wollte die französische Identität, die unter dem Zweiten Weltkrieg und den darauffolgenden Kolonialkriegen in Indochina und Algerien gelitten hatte, als *grande nation* wiederherstellen. Wenige Monate nach seiner Wahl zum Präsidenten 1958 hatte de Gaulle ein Memorandum an den amerikanischen Präsidenten Eisenhower und den britischen Premierminister Macmillan gerichtet, in welchem er ein Dreierdirektorium für die Atlantische Allianz sowie eine weltweite Ausdehnung von deren Geltungsbereich vorschlug. Aber ein westliches Dreierdirektorium schloss die Bundesrepublik zum Ärger von Bundeskanzler Konrad Adenauer aus, den de Gaulle allerdings rasch beruhigen konnte. Denn die USA lehnten diese Idee ab.

Um wenigstens Frankreichs Unabhängigkeit von den USA zu betonen, löste de Gaulle später die französische Flotte aus dem NATO-Verbund. Frankreich würde nur als Atommacht wieder eine wesentliche Rolle in der Weltpolitik spielen können, analysierte de Gaulle, weshalb er bald nach seinem Amtsantritt den Bau einer Atombombe vorantreiben ließ. 1960 explodierte in der algerischen Sahara eine erste französische Atombombe. Die *force de frappe* sollte Frankreich in die Riege der Atommächte erheben.

De Gaulle beunruhigte besonders die Frage, welche Rolle Großbritannien in Europa spielen würde. Was wäre, wenn die Briten einen Schulterschluss mit den Deutschen versuchten, um dann die Führung in Europa zu beanspruchen? Aber hatte London sich nicht mit der Vereinbarung von Nassau in die Hände der Amerikaner begeben? Und waren die Deutschen nicht auch an das Atlantische Bündnis gebunden? Allein würde sich Frankreich in Europa nicht als Führungsmacht etablieren können.

Deshalb trieb de Gaulle in aller Heimlichkeit ein Abkommen mit der Bundesrepublik voran, in dem auch eine deutsch-französische Sicherheitspolitik enthalten sein würde. Die feierliche Unterzeichnung des Abkommens würde während eines mehrtägigen Besuchs Adenauers Mitte Januar 1963 in Paris stattfinden.

Nach Adenauers Vorstellung sollte das Abkommen nicht den Rang eines Vertrages besitzen, da der Kanzler befürchtete, es könnte bei einer Abstimmung im Bundestag zu heftigen politischen Auseinandersetzungen zwischen »Atlantikern« und

»Gaullisten« kommen. Doch nur wenige Tage vor dem feierlichen Tag stellte die Rechtsabteilung des Auswärtigen Amts fest, dass das Abkommen nach Artikel 59 des Grundgesetzes ein Vertrag war, der die Zustimmung des Bundestages benötigen würde.

Das wiederum erfuhren die jungen deutschen Diplomaten, die für den technischen Ablauf der Unterzeichnung in Paris verantwortlich waren, erst am Tag vor der geplanten Zeremonie im Élysée-Palast. Das Auswärtige Amt hatte aber nicht die übliche blaue Mappe mit geprägtem goldenen Adler, in der das deutsche Exemplar eines Vertrages üblicherweise vorgelegt wird, mitgeschickt. So wurde Per Fischer als jüngstes Mitglied der Delegation losgeschickt, in Paris eine solche blaue Mappe – wenn auch ohne Adler – aufzutreiben. Bei Hermès in der Rue du Faubourg St. Honoré, nicht weit weg vom Élysée-Palast, fand er sie.

Die feierliche Unterzeichnung fand in hochemotionaler Stimmung statt. De Gaulle umarmte den deutschen Bundeskanzler, der die Wange des französischen Präsidenten mit spitzen Lippen küsste. Und obwohl Außenminister Gerhard Schröder sich als Atlantiker gegen den Vertrag gesträubt hatte, scherzte de Gaulle mit ihm: »Sie küsse ich nicht.«

Adenauers Dolmetscher Hermann Kusterer berichtete später, de Gaulle habe zu Adenauer leise gesagt: »Das ist der Anfang der Integration, und das sagt kein anderer als ich; diesmal aber auf einer realen Basis.«[6]

Adenauer hatte bemerkt, dass Washington seine freundschaftliche Beziehung zum französischen

Präsidenten Charles de Gaulle seit einiger Zeit mit Misstrauen beäugte, weshalb er die amerikanische Regierung erst Stunden nach der Unterzeichnung über den Inhalt des Vertrages informierte.

Präsident John F. Kennedy und sein Stab zeigten sich schwer betroffen und fragten sich, ob dies ein Zeichen sei, die USA seien in Europa unerwünscht. Denn acht Tage zuvor hatte General de Gaulle bei einer Pressekonferenz eine politische Bombe gezündet. Er legte sein Veto gegen eine Aufnahme Großbritanniens in die Europäische Wirtschaftsgemeinschaft ein. Damit würden die Briten isoliert, und Frankreich könnte mit Deutschland an seiner Seite die Führung in Europa übernehmen.

Die Verstimmung in Washington dauerte nicht lange. Deutsche »Atlantiker« wie der ehemalige Außenminister Heinrich von Brentano, im Bundestag Vorsitzender des Auswärtigen Ausschusses, oder Verteidigungsminister Kai-Uwe von Hassel reisten nach Washington und bekannten sich zu den deutsch-amerikanischen Beziehungen.

Innenpolitisch hatte Adenauer einen schweren Stand, weil quer durch die Parteienlandschaft die starke Bindung an Frankreich als ein Fehler angesehen wurde. Denn die USA waren Deutschlands Sicherheitsgarant. Schließlich einigte man sich auf den Kompromiss, die Bedeutung des Freundschaftsvertrages mit einer Präambel abzumildern.

Der damalige diplomatische Berater von de Gaulle, Pierre Maillard, schreibt in seinen Memoiren sogar, der damalige französische Außenminister Couve de Murville habe »bestätigt, dass der Präambel-Text in den USA verfasst und dann von Jean Monnet nach Bonn gebracht worden ist«[7].

Für diese Behauptung, wonach die Bundesrepublik den Freundschaftsvertrag entwertete und sich vollends Washington unterordnete, gibt es allerdings keine weiteren Quellen. Sie zeigt aber die große Enttäuschung de Gaulles, der doch noch bei der Zeremonie im Élysée Adenauer von einer »Integration« vorgeschwärmt hatte.

In der Präambel werden die engen Beziehungen zu den USA und zur NATO, der Wunsch nach einer europäischen Integration unter Einschluss Großbritanniens und die Anerkennung der von der Bundesrepublik abgeschlossenen multilateralen Verträge bekräftigt.

Das Ziel von Bundeskanzler Konrad Adenauer war – trotz seiner Ablehnung der Präambel – erreicht: die Versöhnung der ehemaligen »Erbfeinde«. Aber Präsident Charles de Gaulle war enttäuscht. Er hatte sein Ziel verfehlt, mithilfe Deutschlands die Führungsmacht in Europa gegenüber den USA zu werden.

Bei seinem ersten Besuch in Bonn nach der Unterzeichnung des Freundschaftsvertrages im Juli 1963 ließ General de Gaulle den inzwischen zum geflügelten Wort gewordenen Satz fallen: »Verträge sind wie Rosen und junge Mädchen: Sie halten nur einen Morgen.«

Daraufhin antwortete ihm Konrad Adenauer, dessen Hobby es war, Rosen zu züchten: »Natürlich haben die Rosen und Mädchen ihre Zeit. Aber die Rose – davon verstehe ich was – ist auch die widerstandsfähigste Pflanze. Sie überdauert jeden Winter. Die Freundschaft zwischen Frankreich und Deutschland ist wie ein Rosenstock, der unablässig blüht, immer wieder neue Knospen treibt und die Strenge des Winters hervorragend erträgt.«

Die Präambel vor dem deutsch-französischen Freundschaftsvertrag war dem französischen Präsidenten Charles de Gaulle eine bittere Lehre. Er hatte gehofft, so sein Berater Pierre Maillard, »nun breche im Verhältnis beider Völker eine neue Epoche an, und mit dieser neuen Ära werde nicht nur die Versöhnung der Gefühle, auch nicht nur ein Bündnis einhergehen, sondern sie stelle die erste Etappe auf dem Weg zu einer wie immer gearteten neuen politischen Einheit dar«.

Aber die Zeit entsprach nicht den Hoffnungen de Gaulles. Nicht nur die politische Schicht, sondern auch große Teile der Öffentlichkeit waren damals wie auch heute noch nicht zu einer so engen politischen und kulturellen Bindung zwischen Frankreich und Deutschland, wie de Gaulle sie erträumte, bereit. Diese Reaktion der Bundesrepublik – so Maillard – »versetzte den General in ein Deutschlandbild zurück, ... das von wiederaufflackernder Skepsis geprägt war«.

Der amerikanische Geheimdienst CIA sah den Élysée-Vertrag in einer Beurteilung vom 19. Februar 1963 nüchtern und analysierte, de Gaulle werde versuchen, deutsche Waffeneinkäufe von den USA nach Frankreich umzuleiten. Das ist Frankreich damals nicht gelungen, und auch siebzig Jahre später beklagen sich die Franzosen immer wieder, etwa wenn Deutschland als Folge der »Zeitenwende« nicht auf französische Waffen zurückgreift, sondern amerikanische F35-Kampfflugzeuge für 10 Milliarden Euro kauft statt französische Rafales.

Äußerst verärgert war Präsident Emmanuel Macron auch, als Bundeskanzler Scholz 2023 beschloss, die Bundesrepublik solle in Israel das Raketenabwehrsystem Arrow 3, eines der besten der Welt, für 4 Milliarden Euro erwerben. Macron schlug stattdessen vor, Europa solle unter französischer Führung ein eigenes Abwehrsystem bauen – was allerdings Jahre gedauert hätte. Aber anlässlich des russischen Angriffskrieges gegen die Ukraine war Eile geboten.

# Das Verständnis vertiefen

Ich kam im Sommer 1963 aus den USA an die Bonner Universität zurück und beschloss, bei nächster Gelegenheit bei der Wahl für das Studentenparlament anzutreten, denn ich hatte den Satz von John F. Kennedy verinnerlicht: »Frag nicht, was dein Land für dich tun kann, frag, was du für dein Land tun kannst.« Also beschloss ich, mit den kleinen mir zur Verfügung stehenden Möglichkeiten Verantwortung für die Gemeinschaft zu übernehmen. Mit dem Wahlversprechen »Besseres Mensaessen!« erhielt ich die zweithöchste Stimmenzahl!

Schon bald stellte die Studentenvertretung fest, dass in der Folge des Élysée-Vertrages beim ersten deutsch-französischen Treffen am 5. Juli 1963 das Deutsch-Französische Jugendwerk gegründet worden war; denn im Vertrag heißt es, »Der deutschen und französischen Jugend sollen alle Möglichkeiten geboten werden, um die Bande, die zwischen ihnen bestehen, enger zu gestalten und ihr Verständnis füreinander zu vertiefen. Insbesondere wird der Gruppenaustausch weiter ausgebaut«[8].

So wurden in Paris und im Bonner »Vorort« Rhöndorf, wo Adenauer wohnte, jeweils ein Generalsekretariat gegründet. Und bald hatten einige pfiffige Studentenvertreter herausgefunden, dass dieses Jugendwerk über reichlich Geld verfügte, mit dem ein deutsch-französischer Gruppenaustausch finanziert werden könnte, was uns Studenten an der Rheinischen Friedrich-Wilhelms-Universität in Bonn sofort begeisterte. Studentische Mitglieder von AStA, Studentenparlament und Fachschaften beschlossen, im Sommersemester 1964 eine Reise zu den Studierenden an Bonns französischer Partner-universität Toulouse zu unternehmen. Eine Woche, finanziert vom Jugendwerk.

Damals war – glücklicherweise – noch nicht alles perfekt organisiert: Das Geld floss üppig aus zwei Quellen. Unsere französischen Gastgeber an der Universität in Toulouse erhielten für den Besuch der deutschen Studentengruppe eine großzügige Beihilfe aus dem Büro des Jugendwerks in Paris; wir wiederum stiegen in den Zug nach Südfrank-reich mit einer ebenso generösen Unterstützung aus Rhöndorf nach dem Motto »doppelt genäht hält besser«. Beim Gegenbesuch ein Jahr später sah es schon ein wenig anders aus, und wir konnten in Bonn nicht aus dem Vollen schöpfen.

Ich erinnere mich an heitere Feste in Toulouse, einer wunderbaren Stadt mit alter Geschichte und fröhlichem Studentenleben. Die französischen Stu-dierenden hatten sogar einen Bus gemietet, um uns die Umgebung zu zeigen. So erfuhren wir von der schrecklichen Verfolgung der Katharer, auch Albi-genser genannt. Und wir kletterten in die Ruine der hoch auf einem Berg gelegenen Burg Montségur, der letzten Zuflucht der verfolgten Katharer. Nach monatelanger Belagerung 1244 wurde ihnen freies Geleit zugesichert, aber dieses Versprechen wurde nicht eingehalten. Alle wurden als Ketzer verbrannt.

Bisher hatte ich von Katharern noch nie gehört. Aber jetzt vernahm ich, dass im 12. Jahrhundert die Katharer und im 16. Jahrhundert die Hugenotten im Süden Frankreichs von den katholischen Mächten, dem König in Paris und dem Papst in Rom als Ketzer verfolgt und zu Tausenden getötet worden waren. Der Katharerkreuzzug und später die Verfolgung der Hugenotten hat bei den Menschen in Okzitanien einen Widerstandsgeist gegen die Regierenden in Paris entfacht, der sie auch jetzt noch – Jahrhunderte später – bei Wahlen als Protest immer gegen die Zentralmacht in Paris stimmen lässt. Ein Beispiel: Als die Kommunistische Partei bis 1980 noch stark war und bei Parlamentswahlen bis zu zwanzig Prozent der Stimmen erhielt, hat der Süden immer links gewählt.

Daran erinnerte ich mich, als ich später in meinen Kriminalromanen den Pariser Untersuchungsrichter Jacques Ricou einführte. In seiner Biografie ließ ich ihn aus dem Süden abstammen und in Montpellier studieren. Seine Eltern waren zeit ihres Lebens kritische Geister gewesen, die stets links wählten. Und in all seinen Fällen zeichnet sich der als unerbittlich charakterisierte Richter Jacques Ricou dadurch aus, dass er in Paris diejenigen erbarmungslos verfolgt, die ihre Macht missbrauchen.

Wir hatten zwar die Rede des französischen Staatspräsidenten Charles de Gaulle an die deutsche Jugend aus dem September 1962 in Ludwigsburg nicht im Kopf, aber wir folgten seinen Vorschlägen. Er sagte: »Während es die Aufgabe unserer beiden Staaten bleibt, die wirtschaftliche, politische und kulturelle Zusammenarbeit zu fördern, sollte es Ihnen und der französischen Jugend obliegen, alle Kreise bei Ihnen und bei uns dazu zu bewegen, einander immer näher zu kommen, sich besser kennenzulernen und engere Bande zu schließen.«[9]

Diese Rede haben viele Deutsche, die sie damals gehört oder später gelesen haben, noch in Erinnerung. Denn de Gaulle hatte auf Deutsch geredet und nur siebzehn Jahre nach dem Krieg versöhnliche Töne gewählt: »Ich beglückwünsche Sie…, junge Deutsche zu sein, das heißt, Kinder eines großen Volkes. Jawohl! Eines großen Volkes, das manchmal im Laufe seiner Geschichte große Fehler begangen hat…«

Die Rede war für die damalige Zeit eindrucksvoll, denn de Gaulle hielt den jungen Deutschen nicht die noch allen präsente schreckliche Vergangenheit vor, sondern schenkte ihnen nicht nur ein bisher kaum vorhandenes Selbstvertrauen, sondern auch Hoffnung für die Zukunft.

De Gaulles »Rede an die deutsche Jugend« war gedacht als Vorbereitung auf den Freundschaftsvertrag, der am 22. Januar 1963 unterzeichnet werden würde. Und da er einen Sinn für die historische Person de Gaulle hat, kam der französische Präsident Emmanuel Macron auf die Idee, die Tradition de Gaulles bei seinem Anfang Juli 2023 vorgesehenen Staatsbesuch mit einer Rede an die europäische

Jugend fortzusetzen. Auch Macron – der 1977 geboren wurde – wollte seine Rede in Deutsch halten, weshalb er in Paris sein Deutsch aufpolierte. In Dresden, wo er sprechen wollte, warteten Zehntausende Jugendliche jedoch schließlich vergeblich, denn Macron hatte aus innenpolitischen Gründen die Reise plötzlich absagen müssen. Aber bei seinem Staatsbesuch im Mai 2024 konnte Macron seinen Auftritt in Dresden nachholen.

In einer Zeit, in der immer weniger Schüler und Schülerinnen Französisch lernen – obwohl der Élysée-Vertrag die Förderung des gegenseitigen Sprachunterrichts als Ziel festlegt –, ist das Deutsch-Französische Jugendwerk eine der wichtigsten Einrichtungen, um das gegenseitige Verständnis und die Freundschaft zwischen den Völkern zu vertiefen. Immer neue Programme werden eingerichtet, auch um Netzwerke hervorragend ausgebildeter junger Franzosen und Deutscher zu bilden – stets mit dem Blick auf die Zukunft. Etwa zehn Millionen junge Menschen haben inzwischen von Programmen des Jugendwerks profitiert.

Nach Adenauers Rücktritt 1963 war der General bei dessen Nachfolger Ludwig Erhard, einem überzeugten Atlantiker, auf heftigen Widerstand gestoßen, als er die »Optionsfrage« stellte: Ohne eine Lösung Deutschlands aus der NATO könne es keine Fortschritte im deutsch-französischen Verhältnis geben. Auch Bundeskanzler Kurt Georg Kiesinger lehnte die »falsche Alternative der Wahl« zwischen den USA und Frankreich ab. 1969 trat Staatspräsident Charles de Gaulle zurück.

Inzwischen hatte ich mein juristisches Staatsexamen im Frühjahr 1968 bestanden und war, meiner Neigung folgend, Journalist geworden. Glück und Zufall hatten dazu geführt, dass ich im Herbst des Jahres als blutjunger Journalist bei der Sendung *Monitor* im *WDR* untergekommen war. Weil ich fließend Französisch sprach, wurde ich schon zur Wahl von de Gaulles Nachfolger im Mai 1969 als Reporter nach Paris geschickt: Pompidou gewann.

In Bonn wurde wenige Monate später – im Oktober 1969 – Willy Brandt Bundeskanzler. Beide haben sich wenig um die deutsch-französische Verständigung gekümmert, da die »Chemie« zwischen ihnen nicht stimmte. Pompidou störte sich an der Ostpolitik Brandts, die eine Dynamik entwickelte, sodass die Bundesrepublik als bevorzugter Gesprächspartner der Sowjetunion erschien, eine Rolle, die bisher Frankreich innehatte. Der damalige französische Botschafter in Bonn, François Seydoux de Clausonne, kommentierte: »Die Germanen drückten ihren Brustkorb wieder heraus … Die Bundesrepublik nahm Frankreichs Platz ein und übernahm die Führung in Westeuropa.«[10]

Das konnte einem französischen Staatspräsidenten, der, wie bisher auch de Gaulle, davon ausging, Frankreich müsse als unabhängige Atommacht Europas Führungsmacht und als Nicht-NATO-Mitglied bevorzugter Gesprächspartner Moskaus sein, gar nicht gefallen.

# Vertrauen ist alles

Pompidou starb 1974, und wieder wurde ich zum Wahlkampf nach Paris geschickt. In den nächsten vierzig Jahren würde ich als Journalist über alle Präsidentschaftswahlen in Frankreich berichten.

Und seitdem habe ich immer wieder erlebt, wie wichtig persönliches Vertrauen zwischen Politikern aus Paris und Bonn, später Berlin, ist. Wie es die Zeitläufte beeinflussen oder – wenn es fehlt – das europäische Projekt hemmen kann.

Als Vorbild mag die politische Freundschaft zwischen Helmut Schmidt und Valéry Giscard d'Estaing – der sich selbst oft kurz Giscard nannte – dienen. Zum ersten Mal interviewte ich den jugendlichen Kandidaten während seines Wahlkampfes im April 1974 und sagte dessen Sieg nach dem ersten Wahlgang in einer 45 Minuten langen Dokumentation für die *ARD* im zweiten Wahlgang voraus, obwohl sein Rivale François Mitterrand zehn Prozentpunkte vor ihm lag. Aber Giscard konnte das gesamte bürgerliche Lager auf sich ziehen und mit gerade 400 000 Stimmen Vorsprung gewinnen.

In Frankreich hatte der plötzliche Tod von Pompidou diesen jungen Mann an die Macht geführt. In denselben Tagen trug der unerwartete Rücktritt von Willy Brandt in Bonn Helmut Schmidt ins Kanzleramt.

Schmidt und Giscard waren zu diesem Zeitpunkt schon enge Freunde. Als junge Abgeordnete waren sie sich in den 1950er-Jahren im Aktionskomitee für die Vereinigten Staaten von Europa, gegründet von Jean Monnet, begegnet. Aber näher kennengelernt hatten sie sich zum ersten Mal, als beide in ihren Ländern die Finanzministerien leiteten.

In einem der zahlreichen Gespräche, die ich mit Helmut Schmidt geführt habe, schilderte er, wie die Freundschaft entstand: »Als wir uns 1972 das erste Mal in amtlicher Eigenschaft begegneten – bei einer feierlichen EWG-Gipfelkonferenz unter Vorsitz von Präsident Pompidou –, haben wir leise spöttische Witze ausgetauscht über die phrasenhaften Reden, die wir zu hören bekamen.« Wie unerzogene Schuljungen hätten sie sich kleine Zettelchen geschrieben und zugeschoben. Zwei Jahre später würden beide gleichzeitig jeweils in ihren Ländern hohe Regierungsämter einnehmen, der eine als französischer Staatspräsident, der andere als deutscher Bundeskanzler.

Die Franzosen haben einen besonderen Sinn für Symbolik und bedeutende Gesten, was mir immer wieder Bewunderung abnötigt und Respekt einflößt. Es sind Gesten, die eine besondere Wertschätzung für denjenigen, der gemeint ist, ausdrücken und so persönliche Beziehungen vertiefen.

Eine besondere Geste hatte sich Giscard überlegt, kaum dass er das Amt des Präsidenten angetreten hatte. Er rief den drei Tage vor ihm zum deutschen Bundeskanzler gewählten Helmut Schmidt an, um ihn in den Élysée-Palast nach Paris einzuladen. Ganz bewusst sollte sein deutscher Freund der erste Staatsmann sein, den der neue französische Präsident in seinem Amtssitz empfing. So hob er Schmidt in Europa vor allen anderen sichtbar hervor. Damit wurde jene Tradition begründet, wonach jeder neu gewählte deutsche Regierungschef sich zuerst in Paris vorstellt, jeder neu gewählte französische Präsident als Erstes in die deutsche Hauptstadt reist.

Es können große Gesten sein oder auch nur kleine, aber doch auffallende. Als Helmut Schmidt 1978 in die sensationelle Ausstellung der deutschen Kunst zwischen 1900 und 1933 im Centre Pompidou mit dem Titel »Paris–Berlin« gehen wollte und Giscard dies erfuhr, rief er gleich: »Da komme ich mit.« Dieser gemeinsame Besuch des erfolgreichen Überblicks hat die Aufmerksamkeit der Franzosen, die völlig überrascht waren von der Kraft des deutschen Expressionismus und den Malern der neuen Sachlichkeit wie Otto Dix und Christian Schad, noch erhöht. Die Ausstellung, kuratiert von dem Kunsthistoriker Werner Spies, hat das Bild der Deutschen in Frankreichs intellektuellen Kreisen positiv beeinflusst.

Kleine Gesten können in der Öffentlichkeit auch Wunder bewirken. Da hatte die Presse auf beiden Seiten des Rheins wieder einmal verlauten lassen, wie schlecht es um die deutsch-französischen Beziehungen stehe, gerade in der Außenpolitik gehe man getrennte Wege. Deshalb sei Schmidt zum Rapport bei Giscard einbestellt. Zum Mittagessen ins Élysée. Mit Argusaugen beobachteten wir, die im Hof des Palastes wartenden Journalisten, also auch ich mit dem Team der *ARD*, wie der Präsident den Kanzler empfangen würde. Käme er vor die Tür oder gar die Treppe hinunter? Denn an Giscards Verhalten konnte man Politik ablesen: Nur Staatsoberhäupter müssen dem Protokoll nach vor der Tür empfangen werden. Einen Kanzler begrüßt der Präsident oben an der Tür.

Nun – Giscard kam an diesem Mittag nicht nur vor die Tür oder die Treppe hinunter, sondern er schritt sogar bis zur Autotür, um seinen Freund Helmut zu begrüßen, und außergewöhnlich lang blieben beide im Blltzlichtgcwitter stehen, um den ewig rufenden Kassandras zu zeigen, wie gut sie sich doch verstünden.

Wie persönlich die Beziehung zwischen diesen beiden Staatsmännern geblieben ist, habe ich immer wieder erleben können, wenn ich Gespräche zwischen ihnen moderierte: Als beiden im Juli 2014 der Deutsch-Französische Medienpreis in Berlin verliehen wurde, hatten die Preisgeber mich, der ich diesen Preis 2006 erhalten hatte, gebeten, die Laudatio zu halten. Giscard war gekommen, der 95-jährige Schmidt konnte sich die Reise nicht mehr zumuten.

In meiner Rede hob ich all jene Traditionen hervor, die Giscard und Schmidt in den sieben Jahren, in denen sie zur gleichen Zeit Frankreich und Deutschland regierten, begründet haben. Sie haben nicht nur wesentliche Grundlagen für eine positive Integration Europas gelegt, sondern auch im gemeinsamen Auftreten in der Weltpolitik für wichtige Entscheidungen gesorgt.

Gegenseitiges Grundvertrauen war dafür die Voraussetzung. Und vielleicht ist der »Blaesheim-Prozess«, auf den ich den ehemaligen französischen Präsidenten bei der Preisverleihung ansprach, eines der Geheimnisse, die eine so fruchtbare Zusammenarbeit ermöglichte.

In meiner Laudatio erinnerte ich Valéry Giscard d'Estaing nämlich daran, wie es zu diesem Prozess gekommen war: »Monsieur le Président, … Sie sind ein begeisterter Jäger. Im Elsass gingen Sie auf die Pirsch, erlegten Hasen und Fasane. Da hatten Sie eine Idee. Sie kamen bei der Jagd immer an dem netten Lokal *Au Boeuf* in Blaesheim vorbei, aber gingen nie hinein. Was Sie bedauerten. Und da Sie sich mit Helmut Schmidt regelmäßig trafen, meinten Sie plötzlich: Dorthin lade ich Helmut zum Abendessen ein. Und er sagte sofort zu. Sie fuhren also nach Blaesheim, erwarteten dort Ihren deutschen Gast auf der Straße.«

Das *Au Boeuf* liegt an der Rue du Maréchal Foch, benannt nach dem General aus dem Ersten Weltkrieg, Oberbefehlshaber über die alliierten Truppen an der deutschen Westfront.

»Das ganze Dorf war in traditionellen Kostümen angetreten. Eine Fanfare spielte einen Marsch. Helmut Schmidt kam mit seiner Hamburger Lotsenmütze. Die Fanfare spielte. Sie gaben sich die Hand. Ihnen kamen sofort Gedanken über den Zweiten

Weltkrieg. Helmut war deutscher Leutnant gewesen. Sie sind als ganz junger Mann auf dem ersten französischen Panzer in Konstanz eingefahren. Durch Ihren Kopf gingen Erinnerungen an die Grausamkeiten des Krieges, und Sie fragten sich, ob es Ihnen gelingen würde, die Ruinen, die Kadaver, die Trümmer zu überwinden. Die Straße in Blaesheim war ein Fahnenmeer von Trikoloren, aber – und so sagen Sie selbst: ›Le Chancelier germanique y était le bienvenu‹!«

Der deutsche, gar germanische Kanzler war willkommen – nicht nur der des heutigen Deutschlands also, sondern auch der, der stellvertretend für Jahrhunderte deutscher Geschichte stand, in der sich Deutsche und Franzosen die meiste Zeit misstrauisch beäugt oder sogar erbittert bekriegt hatten.

Zurück in Paris schickte mir Giscard d'Estaing einen freundlichen Dankesbrief, in dem er anmerkte: »J'ai notamment apprécié le fait que vous ayez rétabli la vérité sur la jolie histoire de Blaesheim.« Er habe besonders geschätzt, dass ich die schöne Geschichte von Blaesheim richtiggestellt hätte.

Ich hatte in der Laudatio daran erinnert, dass der Blaesheim-Prozess auf Giscards Einladung an seinen deutschen Freund Helmut Schmidt im Jahr 1977 zurückging. Und ich hatte in diesem Zusammenhang beklagt, dass der Beginn dieser schönen Tradition auf der Website der Bundesregierung unter dem Begriff »Europalexikon« (sic) – erst auf das Jahr 2001 terminiert wurde. Ein geschichtlicher Fauxpas, für den es aber auch einen Grund gibt!

Ein tiefes gegenseitiges Grundvertrauen entsteht, wenn Menschen sich dem anderen eröffnen. Während einer Autofahrt sprachen Giscard d'Estaing und Schmidt über banale persönliche Dinge. Die Glasscheibe zum Fahrer hin war geschlossen, er konnte also nicht mithören. Schmidt sagte, er sei häufig müde und dann, ganz plötzlich: »Eine Sache wollte ich Ihnen schon immer sagen. Sie werden der Einzige sein, es zu wissen, außer meiner Frau und einem meiner engsten Mitarbeiter.« Er machte eine Pause und dann: »Mein Vater war Jude.«

Giscard d'Estaing war verblüfft. Alles hatte er erwartet, etwas über Schmidts Gesundheit, eine Kriegserinnerung, politische Schwierigkeiten mit den Liberalen. Aber nun dies: Helmut Schmidt, der Kanzler dieser Bundesrepublik Deutschland, die noch unter den Ungeheuerlichkeiten der Kriegsverbrechen und des Holocaust litt, der in der Welt bekannteste deutsche Politiker, hatte einen jüdischen Vater.

Acht Jahre später hat Giscard diese Szene mit Schmidts Erlaubnis in seinen Memoiren veröffentlicht. Und erst dadurch hat die Öffentlichkeit in Deutschland von dieser Herkunft erfahren.

Ohne dieses tiefe Vertrauen wäre es Schmidt und Giscard auch nicht gelungen, 1979 das Europäische Währungssystem (EWS) aus der Taufe zu heben. Allein dafür werden sie in der Geschichte einen wichtigen Platz einnehmen, denn diese Entscheidung würde Jahre später zum Euro führen.

Schmidt und Giscard haben die Idee zum EWS gemeinsam an ihren Bürokratien vorbei entwickelt.

Schmidt erklärte mir dies mit der innovationsfeindlichen Beamtenschaft. Beamte »haben ein Beharrungsvermögen in sich, und jede Veränderung birgt aus ihrer Sicht die Gefahr, dass ihre Zuständigkeit oder ihr Einfluss beschnitten wird… Das europäische Währungssystem hätte keine Chance gehabt, wäre es nicht zunächst von zwei Regierungschefs an einem Wohnzimmertisch in Hamburg-Langenhorn [in Schmidts Privathaus] entwickelt worden. Bisweilen waren wir begleitet von jeweils einem vertrauten, sachverständigen Mitarbeiter… Diese Fachleute haben die Details ausgearbeitet, um die wir uns selbst nicht kümmern konnten.«

Bei einem Abendessen im Élysée-Palast hätten die vier das Papier überarbeitet und beim nächsten Treffen des Europäischen Rates – auch eine Erfindung von Giscard und Schmidt – in Bremen beschlossen.

Nun musste die neu geschaffene Europäische Währungseinheit einen Namen erhalten, und auch da haben Schmidt und Giscard ihren Schalk spielen lassen. Da sie die Empfindlichkeiten der Briten kannten, schlug Schmidt ganz scheinheilig vor, man solle von der »European Currency Unit« sprechen. Abgekürzt ECU. Die Briten waren damit höchst zufrieden. Giscard auch. Denn in Frankreich war der »Ecu« bis ins 18. Jahrhundert hinein eine Gold- oder Silbermünze gewesen. Der Ecu bedeutet dem Franzosen, was bei den Deutschen dem Taler entspricht.

Kanzler und Präsident stimmten zwar in Fragen der Europapolitik überein, aber wenn es um nationale Interessen ging, dann galt auch für Giscard das Wort von de Gaulle: »Völker haben keine Freunde, Völker haben Interessen.« Wenn der Bundeskanzler sich in Europa für deutsche Interessen einsetzte, schimpfte ihn die französische Presse schnell den »Feldwebel«.

# Boches, Bismarckheringe
# und ein Nichts

Im Frühjahr 1978 entsandte mich der *WDR* als Korrespondenten an das *ARD*-Fernsehstudio in Paris. Schnell konnte ich feststellen, dass trotz der Freundschaft zwischen den Regierenden die öffentliche Meinung in beiden Ländern noch geprägt war von alten Klischees. In den Karikaturen der französischen Presse jagte der deutsche Hahn mit Pickelhaube die gackernd flüchtende Henne mit Jakobinermütze. Die Deutschen wurden grundsätzlich noch mit dem Schmähwort *alboches, boches* oder gar *sales-boches*[11] – Drecksdeutsche – bezeichnet, eine Grobheit, die heute aus dem französischen Sprachschatz völlig verschwunden ist.

Im Juli 1975 beklagte General François Binoche, der ehemalige Kommandant des französischen Sektors von Berlin, im *Spiegel*, die »Boches« seien unzufriedene Menschen, sie weinten Dingen nach, die sie noch nicht hätten. Sie akzeptierten nicht die Folgen des Krieges, und die Ostverträge seien ein Schritt zur Wiedervereinigung. Wenn Deutschland erst einmal wiedervereinigt sei und seine alte Machtstellung zurückerlangt habe, dann würde es zwangsläufig danach trachten, seine Macht auch anzuwenden. Selbst einen erneuten deutschen Angriffskrieg gegen Frankreich wollte Binoche nicht ausschließen. »Es gibt viele Franzosen, die so denken wie ich: Diese Deutschen sind gefährlich mit ihrer Macht und ihrer Kraft.«[12]

Seine Beschimpfungen waren so bösartig, dass Staatspräsident Giscard d'Estaing den pensionierten General zur Strafe aus der Armeereserve entließ. Die Ängste, die der General 1975 äußerte, fanden sich allerdings Jahrzehnte später in dem 1999 erschienenen Buch von Philippe Delmas wieder. Seine Sorge *Über den nächsten Krieg mit Deutschland* ist ähnlich formuliert. Und der bei der französischen Jugend besonders populäre Linkspolitiker Jean-Luc Mélenchon veröffentlichte 2015 die Klageschrift *Der Bismarckhering – das deutsche Gift*. Es ist eine Polemik, in der er die deutsche Politik kritisiert und Deutschland als »Monster« bezeichnet, das die EU fest im Griff hat und nur aus eigenen Interessen handelt.

Als Bundeskanzler Schmidt sich Mitte der 1970er-Jahre in Brüssel der Anhebung der Agrarpreise widersetzte, da er verhindern wollte, dass Deutschland der »Zahlmeister der Gemeinschaft« würde, beklagte die kommunistische Tageszeitung *L'Humanité* die Rückkehr Bismarcks und Hitlers. Vom deutschen »Diktat« und dem *chancelier de fer* – dem Eisernen Kanzler – wurde geschrieben, das Wochenmagazin *Le Nouvel Observateur* stellte fest, Deutschland melde klar seine Kandidatur als Führungsmacht in Westeuropa an.

Das war 1974 und ungerecht. Denn Schmidt war

sich wohl bewusst, dass die Bundesrepublik sich in der Weltpolitik zurückhalten musste. So hatte er zwar die Idee zu den Weltwirtschaftsgipfeln, die heute unter dem Begriff G7 stattfinden, hielt sich jedoch mit der Umsetzung bescheiden zurück und ermunterte seinen französischen Freund Giscard, die Einladungen an die westlichen Regierungschefs auszusprechen und so als Initiator aufzutreten.

Regierungsstellen in Bonn und Paris waren zwar der Auffassung, die freundschaftlichen Beziehungen zwischen Bundeskanzler und Staatspräsident müssten sich auf die Bevölkerungen ausweiten, aber so schnell wie zwischen Schmidt und Giscard wuchs das Vertrauen zwischen den Ländern nicht.

Als Korrespondent in Paris – und auch noch danach – habe ich Giscard und Schmidt häufig getroffen und gemeinsame Gespräche moderiert. Solch ein geniales deutsch-französisches Paar hat es seitdem leider nicht mehr gegeben.

Allerdings war die Beziehung nicht frei von Eitelkeiten. So schilderte mir Claude Martin, ehemaliger Botschafter Frankreichs in Berlin, mit dem mich inzwischen eine lange Freundschaft verbindet, die Hintergründe, die zur Verleihung des renommierten Karlspreises in Aachen im Jahr 2003 an Valérie Giscard d'Estaing führten.

Wie es sich für einen guten Botschafter geziemt, reiste Claude Martin viel durch die deutschen Lande. In Aachen machte er 2002 dem Oberbürgermeister Jürgen Linden seine Aufwartung. Linden war gerade dabei, eine Liste möglicher Preisträger für den jährlich in Aachen verliehenen Internationa-

len Karlspreis, der Verdienste rund um die europäische Einigung würdigte, aufzustellen. So leicht findet sich ein Würdiger allerdings nicht. Zwei Päpste
sind unter den Preisträgern, die Europäische Kom-
mission, Premierminister, Präsidenten, Monarchen.
Die Suche entpuppte sich als schwierig, so recht
gefielen Bürgermeister Linden die bisher genannten
Kandidaten nicht. Aber es blieb ihm bis zur nächsten Jurysitzung noch eine Weile zum Nachdenken.

Zurück in Berlin traf Botschafter Claude Martin
auf den ehemaligen französischen Präsidenten Valérie Giscard d'Estaing, der in der Gästesuite der Residenz des Botschafters übernachtete, wenn er in der
deutschen Hauptstadt war. Giscard kam häufig zu
Gesprächen mit deutschen Politikern, denn er war
2001 vom Europäischen Rat zum Präsidenten des
Europäischen Konvents ernannt worden, dessen
Aufgabe es sein sollte, eine europäische Verfassung
auszuarbeiten. Allerdings würde dieser Konvent
2009 ohne Ergebnis aufgelöst werden.

Giscard ließ sich abends gern vom Botschafter
in angesagte Restaurants in Berlin ausführen. An
einem dieser Abende erzählte Claude Martin von
seinem Besuch in Aachen und der Not des Oberbür-
germeisters, einen geeigneten Kandidaten für den
Karlspreis zu finden. Giscard schien teilnahmslos
und zog sich gleich nach dem Essen ins Gästeappartement zurück. Doch kaum war er wieder zurück
in Paris, ließ er seinen Bürochef noch einmal in der
Französischen Botschaft anrufen. »Der Präsident
hat sich sehr für das interessiert, was Sie ihm gestern über den Karlspreis erzählt haben. Falls die-

ser Preis ihm verliehen würde, würde er ihn nicht ablehnen.«[13]

Claude Martin verstand die Botschaft und machte sich flugs wieder auf den Weg nach Aachen. Da kam ihm und Bürgermeister Linden eine grandiose Idee, der sich die Jury sicher nicht verschließen würde. Der Preis solle an das beispielhafte »deutsch-französische« Paar Giscard und Schmidt verliehen werden, da ihr gemeinsames Verständnis Europa vorangebracht habe. So wie auch 1988 François Mitterrand und Helmut Kohl gemeinsam ausgezeichnet worden waren. Zwei Tage später segnete die Jury diese Idee ab und teite es den Preisträgern mit.

Als der Franzose davon erfuhr, tobte er, und sein Bürochef ließ es an Deutlichkeit gegenüber dem französischen Botschafter in Berlin nicht fehlen: »Warum Schmidt?«, habe sich Giscard verwundert geäußert. »Der hat sicher seine Meriten, aber er ist nichts mehr. Ich aber bin Präsident des Europäischen Konvents, der Europa eine Verfassung geben wird. Das ist überhaupt nicht zu vergleichen.«

Also fuhr Claude Martin erneut nach Aachen, wo Bürgermeister und Jury die Eleganz hatten, so Claude Martin, Giscards Wunsch zu entsprechen. Anschließend informierte der Botschafter Helmut Schmidt, der zu seiner Erleichterung die Eitelkeit seines politischen Freundes mit einem Schmunzeln abtat.

Am Vorabend der Preisverleihung am 29. Mai 2003 lud Bürgermeister Linden zu einem Galadiner ein, zu dem neben Giscard d'Estaing und Bundespräsident Johannes Rau, der am Tag darauf die Laudatio halten würde, auch ehemalige Karlspreisträger anreisten: der König von Spanien Juan Carlos I., Simone Veil, Jacques Delors, Václav Havel, Bronisław Geremek. Als Ehrengast hatte Oberbürgermeister Linden den eigentlichen Co-Preisträger Helmut Schmidt geladen, der in seiner Rede, die er an diesem Abend hielt, ganz persönlich die Hoffnung auf ein wahrhaft geeintes Europa äußerte. An der Preisverleihung am nächsten Tag nahm Schmidt jedoch nicht teil, sondern fuhr zurück nach Hause, nach Hamburg.

# Träume bringen die Welt voran

Zwei Jahre vor seinem Tod, im Frühjahr 2013, bat mich Helmut Schmidt, ihn nach Paris zu begleiten, um ein Gespräch zwischen ihm und seinem französischen Freund Valéry Giscard d'Estaing im Palais Beauharnais, der Residenz des deutschen Botschafters in Paris, zu moderieren. Er war inzwischen auf einer Abschiedstour in Washington und New York, in Peking und Singapur, in Rom und London gewesen, und nun wollte er sich auch in Paris von Frankreich verabschieden.

Das Palais Beauharnais ist einer der prachtvollsten Bauten von Paris und mit wertvollen Empiremöbeln ausgestattet. Das Gebäude war 1714 ursprünglich für den Außenminister von Ludwig XIV. gebaut worden. Doch in den Revolutionszeiten erwarb es Eugène de Beauharnais, der Stiefsohn von Napoleon, und ließ das Palais aufwendig im Empirestil umgestalten. 1818 wurde das Gebäude Sitz der preußischen Gesandtschaft, später Botschaft des Deutschen Reiches. Mit Stolz zeigen heute noch die jeweils amtierenden Botschafterinnen oder Botschafter in einem Salon in der ersten Etage einen großen schwarzen Schreibtisch im Empire-Stil, an

dem Bismarck als preußischer Gesandter 1862 gearbeitet haben soll.

Das Palais Beauharnais selbst hat schwierige Zeiten der deutsch-französischen Geschichte miterlebt. So lässt sich hier der Anfang der Dreyfus-
Affäre verorten. 1894, als sich hier nicht nur die
Residenz des Botschafters, sondern auch die Amtsräume der Botschaft befanden, fand die Putzfrau
Marie Bastian, die nebenbei für den französischen
Geheimdienst arbeitete, in einem Papierkorb des
deutschen Militärattachés Maximilian von Schwartz-
koppen ein nicht unterschriebenes Begleitschrei-
ben zu einer Sendung geheimer militärischer Dokumente. Alles deutete darauf hin, dass ein Offizier
aus dem französischen Generalstab geheime Informationen an den deutschen Diplomaten verraten
hatte. Zu Unrecht wurde der jüdische Generalstabs-
offizier Alfred Dreyfus beschuldigt, angeklagt und
wegen Spionage für das Deutsche Reich verurteilt.
Die äußerst umstrittene Affäre stürzte Frankreich in
eine schwere politische, aber auch moralische Krise.
Erst Jahre später wurde Dreyfus, der auf die Teufels-
insel in Französisch-Guayana verbannt worden war,
rehabilitiert.

Ganz anders zeigte sich der Schauplatz der Affäre
in den 20er-Jahren des letzten Jahrhunderts: Damals
galten Einladungen des deutschen Botschafters als
kulturelle Höhepunkte. Zahlreiche deutsche Künstler besuchten das Palais, Max Beckmann malte 1925
eines der drei Gemälde, die unter dem Titel *Gesellschaft Paris*[14] elegante Damen in schulterfreiem
Abendkleid und Herren in Smoking mit schwarzer

Fliege bei einer Abendeinladung abbilden, im Palais Beauharnais.

Schließlich diente die Ermordung des Diplomaten Ernst Eduard von Rath am 7. November 1938 durch den in Deutschland geborenen und aufgewachsenen polnischen Juden Herschel Grynszpan in den Amtsräumen des Palais Beauharnais als Vorwand für die Novemberpogrome der Nationalsozialisten in Deutschland.

Nach dem Zweiten Weltkrieg zogen französische Beamte des Außenministeriums ein, später war hier die Residenz des Premierministers. Im Rahmen der sich abzeichnenden Versöhnung zwischen beiden Staaten wurde das Palais auf Beschluss der Nationalversammlung vom 20. Juli 1961 an die Bundesrepublik rückübereignet. Die Renovierungsarbeiten verschlangen zig Millionen, die aber wegen der Bedeutung des Gebäudes für die deutsch-französischen Beziehungen schweren Herzens genehmigt wurden.

Staatspräsident General de Gaulle und Bundespräsident Heinrich Lübke weihten das renovierte Palais Beauharnais am 3. Februar 1968 – jetzt nur noch als Residenz und nicht mehr auch als Amtssitz des Botschafters – mit einer würdigen Zeremonie ein, bei der das Porträt Otto von Bismarcks für immer abgehängt wurde.

Insgesamt zehn Jahre lang berichtete ich als Korrespondent der *ARD* aus Frankreich und habe in dieser Zeit das Palais Beauharnais und seine Bewohner gut kennengelernt. Der Botschafter lud häufig zu Empfängen um 18:00 Uhr ein, und wann immer ich konnte, erschien ich. Das Palais lag günstig auf meinem Weg vom *ARD*-Studio in einer Nebenstraße der Champs-Élysée in meine Wohnung in der Nähe der Rue du Bac. Der Empfang war eine angenehme Unterbrechung des Fußweges nach Hause. Aber es bedeutete für mich auch Arbeit. Denn die Einladungen nutzte ich immer, um zu recherchieren, um Kontakte zu knüpfen, um zu sehen und gesehen zu werden. Auch das gehört zur Arbeit eines Korrespondenten.

Wann immer ich kam, stürzte ich den Maître d'hôtel Peter Schölzke in Verzweiflung. Dabei war er vieles gewohnt, denn er hat dreißig Jahre lang das Amt des »Hofmarschalls« im Palais Beauharnais ausgeübt. Nun aber kam da jemand und begehrte ein Bier!

Die Kellner boten doch auf Silbertabletts Champagner und andere köstliche Getränke an, ich aber wollte ein deutsches Bier. Denn vom Fußmarsch war ich durstig geworden. Wie gesagt, ein »deutsches« Bier – mit Betonung auf »deutsch«. Und ich begründete es damit, dies sei ein »deutsches« Haus, und da solle man auch »deutsche« Köstlichkeiten anbieten.

Mit der Zeit hatte Peter Schölzke sich an meinen bizarren, immer wiederkehrenden Wunsch gewöhnt und stets mit Sorgfalt die Gästeliste überprüft, ob ich zugesagt hatte. Wenn ich dann kam, eilte er sofort durch eine verborgene Tür und brachte mir voller Stolz mein Bier. Als ich allerdings einmal unangemeldet eintraf, rief er erschrocken, ich stünde doch gar nicht auf der Liste, und war ein wenig länger verschwunden, um wahrscheinlich aus der Küche, die im Keller lag, ein Bier zu holen. Zum Problem wurde es nur, wenn französische Gäste mich mit dem Bier sahen und fragten, wo es das denn gäbe. Sie hätten auch gern eines!

Ich habe den Verdacht, dass nicht der Maître d'hôtel sich weigerte, Bier zu servieren, sondern die jeweiligen deutschen Botschafter mögen sich unwohl gefühlt haben, im Land des Champagners dieses vermeintlich ordinäre Getränk aus Deutschland anzubieten.

Irgendwann floss dann doch das Bier aus einem Fass, und zwar bei einem besonderen Anlass. Die Botschaft hatte Mitte der 1980er-Jahre zu einem großen Empfang anlässlich des Jubiläums der Einführung des Grundgesetzes am 23. Mai eingeladen. Das Datum galt damals protokollarisch als Nationalfeiertag.

Im großen Garten der Residenz, der zur Seine hin liegt, waren Zelte aufgebaut, zwischen denen Hunderte von prominenten Gästen flanierten, darunter auch Staatspräsident François Mitterrand und sein Premierminister Jacques Chirac. Ich sah, wie beide vom gastgebenden Botschafter Franz Pfeffer an einem Bierfass vorbeigeführt wurden, wo ein aufmerksamer Kellner mit zünftiger Lederschürze ihnen auch gleich jeweils ein frisch Gezapftes mit schaumiger Blume in die Hand drückte. Mitterrand, ein Feinschmecker, nippte kurz aus Höflichkeit und reichte das Glas unauffällig nach hinten zu seinem Leibwächter, der es ihm geschickt abnahm, während Jacques Chirac, ein Genießer deftiger Küche, das volle Glas mit sichtlichem Vergnügen leerte.

Doch zurück zum Abschiedsbesuch von Helmut Schmidt 2013. Bei der Renovierung des Palais in den 1960er-Jahren war daran gedacht worden, in den oberen Etagen nicht nur eine geräumige Wohnung für die Familie des Botschafters, sondern ebenso ein Gästeappartement für Bundespräsident oder Bundeskanzler einzurichten. Dort war auch Helmut Schmidt untergebracht worden, als er zu seinem Abschied nach Paris kam.

Es war vorgesehen, dass ich in diesen Räumen mit Schmidt und Giscard bei einer Tasse Kaffee noch rasch den Ablauf der folgenden Veranstaltung besprechen würde. Als ich zur verabredeten Zeit kam, saßen Schmidt und Giscard fröhlich plaudernd beisammen.

Während Helmut Schmidt mich in seiner nüchternen Art kurz begrüßte, gab sich der ehemalige französische Präsident Valéry Giscard d'Estaing äußerst erfreut, mich wieder einmal zu sehen. Darauf durfte ich mir nichts einbilden, das war seine galante Art.

Allerdings hatten Giscard und ich in den Tagen vor diesem Treffen auf seine Bitte hin mehrmals telefoniert. Immer noch beseelt von seiner mittlerweile doch recht lang zurückliegenden Zeit als Präsident des Europäischen Konvents hatte er ganz aktuell einige persönliche Vorschläge zur Verbesserung der Arbeit der Europäischen Union veröffentlicht. Unter anderem schlug er vor, eine Gruppe unter deutsch-französischem Vorsitz einzurichten, die ein monatliches Treffen der Staats- und Regierungschefs der Eurozone organisiert. Aus unseren Telefongesprächen zog ich den Schluss, dass Giscard insgeheim anstrebte, den Vorsitz in dieser Gruppe zu übernehmen. Wahrscheinlich hoffte er, ich würde das Gespräch so lenken, dass Helmut Schmidt nicht umhinkäme, ihn als Freund zu unterstützen, ja, vielleicht sogar ihn für den Vorsitz vorzuschlagen.

Es gab mit solchen Routiniers nicht viel zu besprechen. Ich schilderte, wie der Ablauf geplant war, zumal der Dokumentationskanal *Phoenix* den Auftritt für eine Fernsehübertragung aufzeichnen würde.[15] Die Botschafterin Susanne Wasum-Rainer würde die Gäste kurz begrüßen, dann könnten wir gut eine Dreiviertelstunde sprechen und anschließend dürfte das Publikum fragen.

Nach einer Weile bat Giscard, ihn für einen Moment zu entschuldigen, und nun allein mit Schmidt fragte ich ihn, was er von den neuen Europavorschlägen des Franzosen halte. Kurz und knapp wischte er sie mit unwirschen Worten beiseite: »Schwachsinn!«

Ich schmunzelte innerlich, denn ich erinnerte mich an ein Mittagessen in Paris, zu dem die *Amis de la République* für einen Gedankenaustausch zwischen Schmidt und Giscard eingeladen hatten. Es war 1987, und beide waren auch da schon längst nicht mehr im Amt. Voller Verwunderung hörte ich, wie Schmidt im Gespräch mit Giscard eine europäische Verteidigung unter französischem Oberbefehl vorschlug. Wie sollte das gehen, fragte ich mich verwundert. Frankreich gehörte nicht einmal mehr dem militärischen Teil der NATO an. Solch einen absurden Vorschlag zu machen hätte Schmidt sich als Kanzler nie getraut. Als ich beim Hinausgehen neben Giscard stand, fragte ich ihn leise, was er von Schmidts Gedanken hielte. Er lächelte, zog die Augenbrauen hoch, schüttelte den Kopf und meinte elegant: »Nur Träume bringen die Welt voran.«

Obwohl Schmidt Giscards Europavorschläge so grob abqualifiziert hatte, schwieg er sofort, als sein Leibwächter mit einer Tasse Kaffee kam. Schmidt dankte und fragte den Mann: »Ist auch Drambuie drin?« Der nickte. Drambuie ist ein hochprozentiger Whiskylikör. Ich schmunzelte. Denn ich kannte Helmut Schmidts wenig auserlesene Trinkgewohnheiten, da ich als langjähriger Vorsitzender der Jury des Helmut-Schmidt-Journalistenpreises bei Abendessen anlässlich der Preisverleihung immer wieder einmal neben ihm gesessen hatte.

Ein anderes Mal, als bei einem privaten Diner in Harvestehude im vornehmen Hause seines ehemaligen Finanzministers Manfred Lahnstein ein köstlicher Bordeaux eingeschenkt wurde, ließ sich Schmidt, neben dem ich saß, nur ein Glas Cola bringen. Auf meine Frage, ob das nicht ein wenig langweilig sei, meinte er trocken: »Überhaupt nicht! Wenn genug Rum drin ist.«

Nun also eine Tasse Kaffee mit Drambuie als Vorbereitung auf das Gespräch der politischen Freunde. Zum Abschied von Helmut Schmidt im Palais Beauharnais war – wie man so sagt – *le tout Paris* gekommen. Am Ende des Abends gab Schmidt *sein* Bekenntnis zu Frankreich ab.

Sehr ernst erklärte der ehemalige Bundeskanzler: Bei allen außenpolitischen Entscheidungen, die er zu treffen gehabt habe, habe er immer zunächst daran gedacht, was dies für die Beziehung mit Frankreich bedeute. Er habe die Geschichte nicht vergessen und wisse, dass die Zukunft Europas ausschließlich in beider Hände liege. Ein Satz, den man sich von jedem aktiven Bundeskanzler wünscht. Das französische Publikum, Minister, Wirtschaftsführer, Intellektuelle erhoben sich daraufhin im Salon des Palais Beauharnais und würdigten ihn stehend und ergriffen mit langem Applaus.

Er habe die Geschichte nicht vergessen, so begründete der ehemalige Kanzler der Bundesrepublik seine außenpolitischen Entscheidungen. Die Geschichte beeinflusst aber nicht nur die große Politik, sondern auch das Verhalten ganz normaler Menschen im Alltag.

# Eine Ohrfeige schreibt Geschichte

Kurz nach Mitterrands Wahl zum Präsidenten 1981 verließ ich Paris und übernahm für drei Jahre die Aufgabe als Korrespondent in New York mit Verantwortung für die Berichterstattung über die Vereinten Nationen und auch Kanada.

Da aber abzusehen war, dass ich anschließend nach Paris als Korrespondent zurückkehren würde, schulten wir unsere Tochter, die in Paris eine französische Schule besucht hatte, in Manhattan ins *Lycée français* ein, eine zweisprachige französische Schule, die einen hervorragenden Ruf hatte. Damit sollte unserer Tochter die Rückkehr in eine Schule in Paris nicht schwerfallen.

Eines Tages kam sie leicht verstört aus dem *Lycée* zurück. Sie mag dreizehn Jahre alt gewesen sein. Der französische Geschichtslehrer hatte sie aus einer Unterrichtsstunde ausgeschlossen, weil er darin den Nationalsozialismus und die Konzentrationslager durchnehmen wollte. Der Lehrer meinte es vielleicht gut und fürsorglich, als er sie aufforderte, die Klasse zu verlassen, da all das, was jetzt behandelt würde, für sie als Deutsche doch sicher zu belastend wäre. Das brauche sie sich nicht anzuhören. Allerdings hat sie nicht die deutsche Geschichte dieser Zeit, mit der sie sich bereits recht gut auskannte, sondern das Verhalten des Lehrers irritiert.

Dass die deutsche Geschichte nicht nur nicht vergessen, sondern auch aufgearbeitet wurde, dafür hat in Frankreich unter anderem eine junge deutsche Frau gesorgt, die in den 1960er-Jahren als Aupair-Mädchen nach Paris zog: Beate Klarsfeld.

Sie war in bescheidenen Verhältnissen im Nachkriegs-Berlin aufgewachsen, hatte von der unmittelbaren Vorgeschichte und den Nazigräuel wenig erfahren – wie damals üblich – und war, sobald sie volljährig geworden war, wenige Wochen nach ihrem 21. Geburtstag, nach Paris entflohen. Dort verliebte sie sich in einen jungen Mann, der sie in der Metro angesprochen hatte. Serge Klarsfeld. Durch dessen bewegende Biografie lernte sie die schreckliche Geschichte des Nationalsozialismus nicht als abstrakte Größe, sondern als persönliches Schicksal kennen.

Serge Klarsfeld ist Jude, und seine Familie war vor den deutschen Besatzern schon 1940 von Paris nach Nizza geflohen. In einem Versteck überlebten er, seine Mutter und seine Schwester. Sein Vater wurde 1943 festgenommen, nach Auschwitz transportiert und dort ermordet.

Beate und Serge Klarsfeld heirateten, zeugten einen Sohn und führten ein »fröhliches und unbeschwertes« Familienleben. Beate wurde 1964 beim Pariser Büro des neu gegründeten Deutsch-Französischen Jugendwerks angestellt. Als Sekretärin.

Doch dann holte die deutsche Vergangenheit sie ein und veränderte ihr Leben dramatisch.

Berühmt wurde sie nämlich 1968 durch eine Ohrfeige und einen lauten Ausruf, den sie anlässlich der Watsche wiederholte. Sie gab Bundeskanzler Kurt Georg Kiesinger, der auf dem Podium beim Bundesparteitag der CDU in Berlin saß, eine Ohrfeige und rief laut: »Nazi, Nazi, Nazi!« Damit schaffte es Beate Klarsfeld in die Schlagzeilen der Weltpresse.

»Nazi« beschimpfte sie Bundeskanzler Kiesinger, da er 1933 in die NSDAP eingetreten war und es während des Zweiten Weltkriegs bis zum stellvertretenden Leiter der Rundfunkpolitischen Abteilung des Auswärtigen Amtes gebracht hatte.[16]

Es war keine spontane, sondern eine lang geplante Handlung, für die Beate Klarsfeld Hilfe und auch spontanen Witz brauchte, um in die Halle, wo der Parteitag abgehalten wurde, und dann auch noch auf das Podium hinter Kiesinger zu gelangen.[17]

Die Aufregung wegen dieser Ohrfeige war auch in meinem Elternhaus groß. Doch ich, der Beate Klarsfeld später häufig in Paris treffen würde, empfand Sympathie für diese symbolkräftige Handlung. Denn ich hatte als Student an der Bonner Universität die Auseinandersetzung mit der Nazi-Vergangenheit des damaligen Rektors Hugo Moser so weit geführt, dass ich fast von der Universität verwiesen worden wäre, hätte sich nicht der Dekan der Philosophischen Fakultät mit Vehemenz dagegen ausgesprochen. Der Rektor blieb – wenn auch nur für ein einziges Studienjahr.

Aber es gab ja noch weitere belastete ehemalige

Nazis an der Bonner Universität. Es gelang uns Studierenden, nachzuweisen, dass der Leiter des Luftfahrtmedizinischen Instituts an der Universität, Siegfried Ruff, an den tödlichen Menschenversuchen des Lagerarztes von Auschwitz, Josef Mengele, teilgenommen hatte. Er war sogar in Nürnberg beim Ärzteprozess – einer der Nürnberger Nachfolgeprozesse gegen Kriegsverbrecher – angeklagt, jedoch freigesprochen worden. Der ehemalige KZ-Arzt Ruff musste die Universität verlassen, blieb aber weiterhin Berater der Lufthansa und Vorstandsmitglied in der Deutschen Versuchsanstalt für Luft- und Raumfahrt.[18]

In den 1960er-Jahren waren in der Bundesrepublik kritische Bürger, die nach der Nazi-Vergangenheit von Professoren, Richtern, Beamten und erst recht von Politikern fragten, unerwünscht. Ich hatte das Glück, dass sich der Altphilologe Wolfgang Schmidt, damals Dekan der Philosophischen Fakultät an der Bonner Universität, mit der Drohung durchsetzte, falls ich von der Universität relegiert würde, träte er von seinem Amt zurück und werde die ganze Geschichte dem Wochenmagazin *Der Spiegel* schicken.

Beate Klarsfeld hatte weniger Glück: Sie war schon lange vor der legendären Ohrfeige aus dem Deutsch-Französischen Jugendwerk entlassen worden, weil sie in der französischen Presse einen kritischen Artikel über die Nazi-Vergangenheit des Bundeskanzlers veröffentlicht hatte.

Kaum hatte ihr der Pariser Direktor des Deutsch-Französischen Jugendwerks das Entlassungsschreiben übergeben, rief sie voller Unglauben ihren Mann Serge an. Er verließ sofort sein nahe gelegenes Büro und wenige Minuten später traf sich das Ehepaar Klarsfeld in einem Bistro, um den Fall zu besprechen.

Die Kündigung wegen des Artikels erregte sie und ihren Mann so tief, dass sie noch im Bistro beschlossen, von jetzt an zu kämpfen. Serge erzählte von seinem Vater, der »bei seiner Ankunft in Auschwitz von einem Kapo geschlagen worden war und zurückgeschlagen hatte, und zog den Schluss: ›Wie könnte ich da kampflos hinnehmen, dass du deine Stelle verlierst, weil du als Erste seit dem Krieg in Frankreich die Wahrheit über einen Nazi gesagt hast? Das hieße kapitulieren‹.«[19] Kämpfen bedeutete, das eigene Leben der Jagd nach der Vergangenheit unterzuordnen. Und zwar völlig und ohne Kompromiss.

Das Auto wurde verkauft, auf die Putzfrau verzichtet. Von nun an verfolgten Beate und Serge Klarsfeld in jahrelanger, häufig mühseliger Arbeit Täter der Judenvernichtung und entlarvten die Nazi-Biografien zahlreicher in den Nahen Osten und nach Südamerika geflohenen und unter falschen Namen untergetauchter Nazis.

Und auch in Deutschland selbst brachten sie die Biografien unbehelligt lebender NS-Täter mit sorgfältig erforschten Dokumentationen an die Öffentlichkeit und verhinderten so etwa, dass der FDP-Bundestagsabgeordnete Ernst Achenbach zum EWG-Kommissar ernannt wurde. Achenbach hatte während des Krieges an der Deutschen Botschaft in

Paris gearbeitet. Die Klarsfelds fanden Dokumente, die Achenbachs Verwicklung in die Transporte der Juden aus Frankreich in die Konzentrationslager bewiesen.

In der Folge der Aktionen des Ehepaars Klarsfeld in Deutschland hat der Bundestag schließlich 1975 sogar eine »Lex Klarsfeld« erlassen, wonach in Frankreich verurteilte Nazi-Verbrecher auch in Deutschland noch einmal vor Gericht gestellt werden können.

Das war bis dahin wegen Beschränkungen im »Überleitungsvertrag« mit den Besatzungsmächten nicht möglich gewesen.[20] Die Behandlung des Gesetzes, das dieses Hemmnis aufheben sollte, hatte FDP-MdB Achenbach im Parlament lange verhindert.

Die Verabschiedung der »Lex Klarsfeld« war schließlich die konsequente Folge der versuchten Entführung des ehemaligen SS-Obersturmbannführers Kurt Lischka, der für die Judentransporte aus Frankreich in deutsche Konzentrationslager verantwortlich und in Frankreich deshalb in Abwesenheit zu lebenslanger Haft verurteilt worden war, durch die Klarsfelds.

1971 aber lebte und arbeitete der ehemalige SS-Mann Lischka wie ein ganz normaler Bürger in Köln – völlig unbehelligt von der deutschen Justiz. Die von den Klarsfelds geplante, wenn auch gescheiterte Entführung des ehemaligen SS-Obersturmbannführers und leitenden Gestapo-Funktionärs führte zuerst lediglich zu einer einzigen Verhaftung: der von Beate Klarsfeld in Köln. Das führte weltweit zu Protesten, weil die Justiz in der Bundesrepublik verurteilte Nazis gewähren ließ, die Nazi-Aufklärerin Beate Klarsfeld aber einsperrte. Die internationale Aufregung zeigte bald Wirkung. In der Folge hob der Bundestag die Beschränkungen des »Überleitungsvertrages« durch die »Lex Klarsfeld« auf, und Lischka und zwei weitere SS-Leute wurden angeklagt und schließlich zu langen Gefängnisstrafen verurteilt.

Beate Klarsfelds größter Triumph war es aber, den als »Schlächter von Lyon« bezeichneten früheren Gestapochef von Lyon Klaus Barbie in Südamerika ausfindig zu machen, nach jahrelanger mühseliger Arbeit 1983 seine Verhaftung in Bolivien durchzusetzen und ihn schließlich nach Frankreich überstellen zu lassen, damit ihm dort der Prozess gemacht werden konnte.

Im Frühjahr 1984 kehrte ich aus New York nach Paris zurück, um die Leitung des *ARD*-Fernsehstudios zu übernehmen. Für einen der ersten Berichte, den ich fertigte, führte ich ein Interview mit Beate Klarsfeld, und das hing mit dem Fall des Lyoner Gestapo-Chefs Klaus Barbie zusammen, der inzwischen in Frankreich im Gefängnis saß und auf seinen Prozess wartete.

Wegen seiner Gräueltaten war er nach dem Krieg in Frankreich in drei Prozessen jeweils in Abwesenheit zum Tode verurteilt worden. Dafür konnte er jetzt nicht noch einmal belangt werden. Aber inzwischen war der Tatbestand der Verbrechen gegen die Menschlichkeit eingeführt worden, und der konnte nicht verjähren. Unter diesen Tatbestand fiel die von

Barbie veranlasste Verschleppung von vierundvierzig jüdischen Kindern und ihrer Betreuer aus einem versteckten Kinderheim in dem Ort Izieu, knapp 80 Kilometer östlich von Lyon, und ihr Transport nach Auschwitz, wo alle ermordet wurden. Dieses Verbrechen jährte sich im April 1984 zum vierzigsten Mal und war für mich Anlass zu einem Bericht.

Bei den Dreharbeiten machte ich die Bekanntschaft mit einer Reihe von Anwälten, die Angehörige der Opfer vertraten. Mit der Zeit lernten sie, mir, dem deutschen Journalisten, zu vertrauen. Das erwies sich als wichtig, besonders als es darum ging, während des Prozesses die Opfer des »Schlächters von Lyon« zu treffen.

Als Nebenklägerinnen traten Frauen auf, deren Männer und Kinder von Barbie gefoltert oder gar ermordet worden waren. Einige konnte ich am Rande des Prozesses im Mai 1987 dank der Vermittlung ihrer Anwälte sprechen. Zwei von ihnen sagten: »Sie sind der erste Deutsche, mit dem ich seit vierzig Jahren spreche.« Sie erkannten mich nicht nur als Menschen an, sondern auch als Deutschen. Und ich wusste, dass ich mich weder schuldig fühlen noch schämen musste. Ihre Anwälte hatten dafür gebürgt, dass ich ein anständiger Deutscher sei.

So stellte mir Rechtsanwalt Roland Rappaport, der sich mit dem Fall des Kinderheims von Izieu befasste, eine Frau vor, die er als Klägerin gegen Barbie vertrat. Sie war eine rüstige Person, sie mochte ein wenig älter als achtzig Jahre sein. Ein etwa fünfundvierzig Jahre alter kräftiger Mann begleitete sie.

Die Geschichte, die ich von ihr hörte, ist entsetzlich. Sie lebte mit ihrem Mann, einem Bäcker, in Paris. Als jedoch die Deutschen einrückten, flohen sie 1940 nach Lyon, weil sie Juden waren. Sie hatten einen größeren Sohn, zwei Mädchen im Alter von rund zehn. In Lyon gebar die Bäckersfrau noch einen Jungen. Der ältere Sohn ging in Lyon in die Schule, der Bäcker arbeitete in seinem Beruf.

Als die Razzien gegen Juden auch in Lyon immer häufiger wurden, nahm die Gestapo den Bäcker und seinen Sohn fest und schickte sie nach Auschwitz, wo sie ermordet wurden. Als der Mann und sein Sohn verhaftet wurden, warnten die Nachbarn die junge Frau des Bäckers auf der Straße und halfen ihr, mit den beiden Mädchen und dem Baby unterzutauchen. Die beiden Mädchen konnte sie dann in dem heimlichen Kinderheim in Izieu unterbringen. Mit dem Baby überlebte sie mithilfe von Menschen, die sie versteckten. Erst nach dem Krieg erfuhr die Frau vom grausamen Schicksal ihrer beiden Mädchen, die von Barbies Schergen aufgespürt und schließlich in Auschwitz ermordet worden waren.

Der stattliche Mann, der die alte Frau jetzt begleitete, war einst das Baby gewesen, mit dem sie im Versteck überlebt hat. Während wir miteinander sprachen, begann die Frau plötzlich zu weinen und klagte: »Ich verstehe es nicht. Ich habe doch niemandem etwas getan.« Schluchzend wiederholte sie den Satz: »Ich habe doch niemandem etwas Böses getan.« Mehr als vierzig Jahre war das Unfassbare her. Aber die Zeit konnte diese Wunde nicht heilen.

Mir geht dieses Gespräch heute noch sehr nah. Damals durfte ich als Journalist mein Mitgefühl nicht zeigen. Aber ich fühle den Schmerz immer noch.

Zweiundvierzig Jahre nach Kriegsende, am 11. Mai 1987, begann der Prozess gegen den SS-Hauptsturmführer Klaus Barbie.[21]

Auf der Zugfahrt nach Lyon fiel mir ein Satz aus Eugène Ionescos Stück *Hunger und Durst* ein. Der Sträfling sagt zum Richter: »Herr Gerichtspräsident, lebenslänglich Zuchthaus, das ist zu viel. Meine Strafe werde ich nie absitzen können. Ich sterbe bestimmt vorher.«

Lebenslänglich – dieses Urteil hatte die französische Öffentlichkeit im Fall Barbie schon längst gesprochen, bevor auch nur ein Geschworener ausgelost worden war. Das Gericht sollte diesen Entscheid der Volksmeinung bestenfalls verkünden. Vordergründig ging es im Prozess um einen brutalen Nazi, tatsächlich aber um die Bewältigung einer Epoche französischer Geschichte. Diesen Denkprozess haben Beate und Serge Klarsfeld mit ihrer der Aufklärung dienenden Lebensarbeit angestoßen.

Sind die Franzosen den deutschen Besatzern während der Nazizeit allzu freiwillig zur Hand gegangen? Welche Schuld haben sie auf sich geladen? Oder haben sie etwa diesen Teil ihrer Geschichte längst vergessen oder verdrängt? Frankreich kennt wie kein anderes Land den »Mechanismus des Vergessens aus Staatsraison«, denn »das Interesse des Landes schreibt vor, dass auf eine tiefe Krise eine nationale Besänftigung folgt«, so erklärt es der Historiker Jean-Noël Jeanneney.[22]

Die Frage der Schuld wird katholisch anders be-
antwortet als protestantisch. Während einem französischen Katholiken seine Schuld durch Absolution
vergeben wird, muss der deutsche Protestant sie mit
seinem Gewissen abmachen und bewältigen. Frankreich hat sich die Absolution gegeben und kann
deshalb diese Zeiten ins Regal der Geschichte stellen. Franzosen scheint die deutsch-protestantische,
nicht enden wollende Auseinandersetzung mit dem
eigenen Gewissen unverständlich. So schrieb, ganz
französisch denkend, Brigitte Sauzay, die ehemalige
Dolmetscherin von François Mitterrand und spätere
Beraterin von Bundeskanzler Gerhard Schröder in
deutsch-französischen Fragen, einen Monat vor
Beginn des Barbie-Prozesses: »Wir brauchen ein mit
sich selbst ausgesöhntes Deutschland, dem vergeben
wurde, das aber die Vergangenheit nicht vergessen
hat. Wir brauchen ein glückliches Deutschland.«[23]

Am Sonntag, dem 10. Mai – einen Tag vor Pro-
zessbeginn –, zogen 300 oder 400 Rechtsradikale
durch die Straßen von Lyon. Ein wohlbeleibter Fah-
nenträger, ein kurz geschorener Dreißigjähriger in
schwarzem Hemd, die Hose mit breitem Ledergür-
tel umgürtet, sagte mir in die Kamera: »Der Prozess
sollte nicht stattfinden. Schon allein deshalb nicht,
weil Barbie ein Mann ist, der während des Krieges
nur seinen militärischen Vorgesetzten gehorcht hat.
Er hat doch nur Befehle ausgeführt.«

»Was sind dann für Sie Verbrechen gegen die
Menschlichkeit, deretwegen Barbie jetzt angeklagt
ist?«, fragte ich ihn. »Für mich gibt es keine Verbrechen gegen die Menschlichkeit. Das existiert

nicht!«, entgegnete er mir bestimmt. »Und wo ordnen Sie dann die Deportation der Juden ein?«, wollte ich wissen. »Ich halte die Deportation der Juden vielleicht nicht gerade für eine Wohltat...«, sagte er, den Blick stur nach vorn gerichtet, doch dann verzog er sein rundes Gesicht zu einem ironischen Lächeln, das andeutete, wie bewusst ihm war, was er nun hinzufügte: »...aber es war doch eine gute Sache.«

Als am Montag, dem 11. Mai 1987, Barbie in einem Gefängniswagen in den Justizpalast gebracht wurde, warteten an der letzten Ecke, 30 Meter vor der Einfahrt zum Gericht, ein knappes Dutzend Menschen mit Sträußen roter Rosen auf Beate Klarsfeld. Sie alle waren Angehörige von Opfern des Angeklagten, den sie, Beate Klarsfeld, in Bolivien ausfindig gemacht hatte. Sie alle wissen: Ohne Beate und ihren Mann Serge wäre es nie zu diesem Verfahren gekommen.

Als Beate Klarsfeld in knallrotem Kostüm ankam und mit Blumen überhäuft wurde, merkte man ihr Rührung und Stolz an. »Wie fühlen Sie sich jetzt?«, fragte ich. »Froh, dass ich es geschafft habe. Aber für mich ist die Sache damit zu Ende. Jetzt ist Barbie nur noch eine Frage der Justiz.«

Erst drei Tage zuvor hatte ich mit Beate und Serge Klarsfeld im französischen Fernsehsender *M6* zum Thema diskutiert. In dem Gespräch hatte Beate Klarsfeld wieder betont, dass es nicht blinde Rache gewesen sei, die sie motiviert habe. Jedem Naziverbrecher, den das Ehepaar Klarsfeld aufspürte, hätten sie die Chance der Reue eingeräumt. Doch keiner zeigte sich menschlich genug für Scham und Buße.

Am Arm ihres Anwalts Roland Dumas, in der anderen Hand einen Stock, mühte sich Lise Lesèvre zu einem Nebeneingang des Gerichts, von dem aus die unter achtzig Jahren und viel Leid gekrümmte Frau im Aufzug in den Gerichtssaal fahren konnte. Sie hatte, als Widerstandskämpferin, ihren Mann und ihren ältesten Sohn durch Barbie verloren und selbst 19 Tage seiner Folter standgehalten. In ihrem eleganten Seidenkleid wirkte die kleine alte Dame mit ihrem wachen, feinen Gesicht wie eine große, starke Frau.

»Es ist der Tag der Rache«, sagte sie mir, »auf den ich so lange gewartet habe. Der Prozess sollte aber auch der Jugend klarmachen, dass sie sich nicht von solch schrecklicher Propaganda verführen lassen darf, wie sie bei uns heute wieder aufzuleben scheint.«

Und Anwalt Roland Dumas zeigte mir einen Brief, den Lise Lesèvre an diesem Morgen mit der Post erhalten hatte. Ein Hakenkreuz war seitenfüllend auf Papier gekritzelt. »Das waren die guten alten Zeiten, du Schlampe«, stand darunter.

Im Gerichtssaal herrschte Totenstille, als der Angeklagte hinaufgeführt wurde. Doch kein Henker, sondern ein kleiner Greis in schwarzem Konfirmationsanzug setzte sich auf den gepolsterten Stuhl. Einem Totenkopf ähnelte dieser Schädel des ehemaligen SS-Mannes. Ich vergesse nie Barbies tief liegende leere Augen, mit denen er emotionslos aus der Anklagebox in den Gerichtssaal schaute.

Ich bat den Kameramann, diese starren Augen in Großaufnahme eine Minute lang zu drehen, und sendete sie in meinem *Tagesschau*-Bericht. Es waren Augen, denen jedes menschliche Gefühl fremd war.

Barbie wurde schließlich wegen Verbrechen gegen die Menschlichkeit zu lebenslanger Haft verurteilt. Er wurde zuerst einige Tage symbolisch im Gefängnis Montluc eingesperrt, in dem er seine Opfer Jahrzehnte zuvor gefoltert hatte und ermorden ließ. Den Rest seiner lebenslangen Strafe verbüßte er im Lyoner Gefängnis Saint-Joseph – allerdings nur vier Jahre lang, er starb in der Haft an Krebs. An die leeren, tief liegenden Augen dieses erbarmungslosen Mörders werde ich mich immer erinnern. Er hatte in Frankreich im Namen Deutschlands gemordet.

Mit einer Ohrfeige gegen den ehemaligen Nazi und Bundeskanzler Kiesinger fing es an, aber Jahrzehnte später haben sich die Bundesrepublik Deutschland und die Republik Frankreich Beate und Serge Klarsfeld gegenüber erkenntlich erwiesen und ihre Arbeit gegen das Vergessen, Verdrängen und Vertuschen ausgezeichnet.

Am Jahrestag des deutschen Widerstands, am 20. Juli 2014, erhob der französische Staatspräsident François Hollande Beate Klarsfeld in den Rang einer Kommandantin der französischen Ehrenlegion und Serge Klarsfeld in den noch höheren Rang eines Großoffiziers der *Légion d'honneur*. Ein Jahr später – wieder am 20. Juli – verlieh die deutsche Botschafterin Susanne Wasum-Rainer den beiden das Bundesverdienstkreuz 1. Klasse – was dem Rang eines Offiziers der *Légion d'honneur* entspricht.

Und noch ein paar Jahre später, im Frühjahr 2019, wird der in Magdeburg aufgewachsene Tobias Bütow zum Generalsekretär des Deutsch-Französischen Jugendwerks ernannt. Als Freiwilliger der Aktion Sühnezeichen arbeitete er Ende der 1990er-Jahre in Yad Vashem in Jerusalem und »wiederentdeckte« ein vergessenes Konzentrationslager in seiner Heimatstadt Magdeburg. Wenige Wochen nach seinem Amtsantritt als deutscher Generalsekretär des Jugendwerks schrieb er einen Brief an Beate Klarsfeld, in dem er ihre damalige Entlassung aus dem Werk bedauerte: »Im Namen des Deutsch-Französischen Jugendwerks möchte ich mich hierfür bei Ihnen entschuldigen.«

Bütow bezeichnete Beate Klarsfeld als »ein Vorbild der deutsch-französischen Verständigung für die jüngeren Generationen« und schlug vor, bei einem gemeinsamen Gespräch »zu überlegen, wie wir Ihre Erinnerungen … in unserer pädagogischen Arbeit für die nächsten Generationen integrieren können«.

Es wird noch einige Zeit ins Land gehen, bis das Sujet der Nazi-Vergangenheit der Deutschen abgeschlossen werden kann – wenn das überhaupt möglich und gewollt ist. Man muss wissen: Auf die Titelseite in der französischen Presse schafft es ein Thema über Deutschland nur selten. Es sei denn, es ginge um Nazis – gestrige und heutige.

Letztens noch, am 4. November 2023, stand in der Tageszeitung *Le Monde* auf Seite 1 ein Artikel über die Verhaftung des AfD-Politikers Daniel Halemba, dem die Mitgliedschaft in einer Neonazi-Verbindung und Verdacht auf Volksverhetzung vorgeworfen wurde. Und in der Ausgabe vom Tag darauf widmete *Le Monde* drei volle Zeitungsseiten der AfD, worauf schon auf der ersten Seite hingewiesen wurde.

# Im Augenblick der Versöhnung

Als ich in einem Gespräch mit Staatspräsident François Mitterrand – der Minister während des Algerienkriegs war, in dem französische Soldaten folterten und mordeten – einmal anmerkte, aufgrund der deutschen Vergangenheit verböten sich manche politischen Entscheidungen, antwortete er: »Alle Länder der Welt haben in ihrer Geschichte dunkle und helle Seiten. Damit sollten die Deutschen sich nicht mehr belasten als andere.«

Die Geschichte, die unsere Länder ungebrochen Jahrhunderte weit zurückverfolgen könnten, mache ihre jeweilige *grandeur* aus. Ich warf die Frage ein, was er unter diesem Wort, das die Deutschen nicht (auch nicht in Übersetzung) benutzen, verstehe. Die *grandeur* eines Landes wie Deutschland, antwortete Mitterrand, das sei das Gewicht seiner Geschichte, seiner Kultur und seiner Natur, das seien aber auch die aktuellen Ziele des Staates.

Auf Giscard folgte François Mitterrand im Amt des Staatspräsidenten. Er war nach einer Verwundung in Verdun in die Hände der Deutschen gefallen, hatte jedoch aus deutscher Kriegsgefangenschaft fliehen können. Mitterrand, der gern in geschichtlichen

Dimensionen dachte, verfügte über einen besonderen Sinn für Erinnerungskultur. So beschloss er, am 6. Juni 1984, zum 40-jährigen Jubiläum des D-Day, der alliierten Landung an der Küste der Normandie, die Staats- und Regierungschefs der fast zwanzig an der Landung beteiligten Länder einzuladen.

In den Tagen der Landung starben etwa 65 000 alliierte und 200 000 deutsche Soldaten. Darunter auch jene jungen Männer, deren Holzkreuze wir in Franceville angestrichen haben und deren Erkennungsmarken mir die Frau aus dem Ort gab.

Der Einladung Mitterrands wollten US-Präsident Ronald Reagan und Königin Elisabeth aus London folgen, wie auch Monarchen aus Holland, Belgien und Norwegen und ein gutes Dutzend Regierungschefs jener Staaten, deren Soldaten an der Landung teilgenommen hatten. Nicht dazugebeten wurde der deutsche Bundeskanzler Helmut Kohl, was ihn ein wenig wurmte. Doch Deutschland war noch zweigeteilt, und die Franzosen wollten auf die Anwesenheit des DDR-Staatschefs Erich Honecker verzichten.

Das deutsche Fernsehen plante, von den Feierlichkeiten zu berichten, und als Korrespondent in Paris kam mir die Aufgabe zu, den ganzen Nachmittag, drei Stunden lang, die Liveübertragung der Zeremonie in der *ARD* zu moderieren.

Um mich auf diese Aufgabe vorzubereiten, beschloss ich einen Monat vor den Festlichkeiten, mit einem deutschen guten Freund für einige Tage die entscheidenden Örtlichkeiten in der Normandie zu erkunden. Auf den riesigen Soldatenfriedhöfen fiel uns auf, dass die meisten Gefallenen noch unter zwanzig Jahren alt gewesen waren. Wir waren ohne große Vorbereitung losgefahren, und nur mit großem Glück konnten wir in Arromanches in einem kleinen Hotel an der Küste ein Doppelzimmer mieten, allerdings unter der Bedingung, dass wir dort abends auch speisen würden. Das taten wir und genossen ein großes *plateau de fruits de mer*. Allerdings war neben dem *zinc* – neben der Theke – gerade einmal Platz für eine enge Reihe von Zweiertischen. Während des Essens unterhielten wir uns auf Deutsch. Da drehte sich plötzlich ein Mann in Arbeitskleidung zu uns um und sagte ganz nüchtern: »*J'aime pas les Allemands.* – Ich mag die Deutschen nicht.« Ich fragte genauso nüchtern zurück: »*Et pourquoi?* – Warum wohl?« Er überlegte einen Augenblick, dann antwortete er: »*J'sais pas.* – Weiß ich nicht.« Und kehrte zurück zu seinem Getränk. Die Menschen in der Normandie haben sehr unter diesem Krieg gelitten.

Um Kohl zu besänftigen, schlug ihm der französische Präsident Mitterrand ein eigenes Gedenken vor – im September des gleichen Jahres. Der Kriegsanfang 1914 würde sich zum 70sten Mal jähren.

Und so standen Mitterrand und Kohl am Ende des 22. September 1984 vor den Kreuzen von gefallenen Franzosen und Deutschen vor dem Beinhaus von Douaumont. Dort sind 130 000 Soldaten aus der Schlacht von Verdun beerdigt. Wild durcheinander, Franzosen wie Deutsche, deren Gebeine man nicht mehr identifizieren konnte.

Auf dem Friedhof übermannten die Gefühle den

französischen Staatspräsidenten und den deutschen Kanzler. Plötzlich standen sie da – Hand in Hand. Es wurde der längste *Tagesschau*-Bericht, den ich als Korrespondent aus Frankreich je gesendet habe: Er dauerte mehr als sieben Minuten, üblich sind neunzig Sekunden.

Nur wenige haben gesehen, wessen Hand die des anderen suchte. Denn die Aufmerksamkeit richtete sich ganz auf den Trompetenspieler, der die Totenklage in das unfreundliche Wetter blies. Da verweilten der französische Staatspräsident und der deutsche Kanzler in der Stille – und ihre Hände suchten Halt.

Mit jedem Ton, mit dem die aus der Kehle des Trompeters herausgepresste Luft in dem Instrument die Klage formte, mit jedem Ton stieg das Gefühl der Hilflosigkeit. Und der Einsamkeit. Jeder schaute in sich hinein.

So harrten am späten Nachmittag der Franzose, der im Zweiten Weltkrieg gekämpft, und der Deutsche, der seinen älteren Bruder in diesem Krieg verloren hatte, inmitten von Kreuzen vor dem Beinhaus des vorherigen Weltkriegs aus. Ihr stummes Verweilen vor einem mit Fahnen beider Länder bedeckten Sarg war ein Höhepunkt deutsch-französischer Versöhnung.

Wer hier steht, den bedrückt allein das Wissen um den Wahnsinn der Menschen, die einander sinnlos gemordet haben. Meist junge Männer. Ganze Dörfer sind in Frankreich ausgestorben, weil die Mädchen wegzogen, nachdem die Männer nicht zurückkamen.

Später fragte ich Francois Mitterrand, wer von beiden die Geste initiiert habe. Mitterrand antwortete, er habe plötzlich das Bedürfnis gespürt, aus seiner Vereinsamung herauszutreten und mit einer Geste Helmut Kohl zu erreichen. Da habe er seine Hand ausgestreckt, und Kohl habe sie ergriffen. – Und Helmut Kohl hat mir dies bestätigt. Ihn habe die Geste Mitterrands erleichtert.

Mitterrand, der seine Gefühle stets für sich behielt, blickte trotz dieser Gebärde weiterhin in sich hinein, während Helmut Kohl in diesen beklemmenden Minuten befreit zu dem Franzosen hinüberschaute, dankbar für diesen kleinen und doch so bedeutsamen Ausdruck von Menschlichkeit. Der Handschlag von Verdun erhält als Symbol das gleiche Gewicht wie der Kniefall von Willy Brandt in Warschau.

Zwanzig Jahre später war die Deutsche Einheit längst Wirklichkeit geworden. Da lud Mitterrands Nachfolger, Präsident Jacques Chirac, den deutschen Kanzler Gerhard Schröder zum 60. Jahrestag der alliierten Landung an die Küste der Normandie. Das war 2004. Gewiss auch ein bewegender Moment, als Chirac den gefallenen Vater Schröders erwähnte und sie sich beide umarmten. Ein wichtiger Augenblick für beide Länder. Aber doch eben nur ein Augenblick, der verging. – Der Handschlag von Verdun bleibt.

# Gut verdrahtet ist halb gewonnen

Den Zugang zum Élysée habe ich mir als Journalist mühsam erarbeitet. In Frankreich sind Pressekonferenzen selten. Man erhält Informationen und Zugang zu Politikern nicht über Pressereferenten, sondern muss das System der *tuyaux* benutzen, der kommunizierenden Röhren. Heute hieße das: ein Netzwerk.

Ganz nach dem Motto, persönliche Beziehungen stärken das Vertrauen, stellte ich mich, als ich Leiter des *ARD*-Studios in Paris wurde, dem Generalsekretär des Élysée Jean-Louis Bianco vor. Bianco sprach fließend Deutsch und würde später Minister werden. Schon bald lud mich Bianco regelmäßig zum Pressefrühstück ein, an dem auch der eine oder andere Berater – *conseiller* – Mitterrands teilnahm und wo Hintergründe der politischen Entwicklung erläutert wurden.

Mit Jean-Michel Gaillard, einem recht fröhlichen *conseiller*, der für Außen- und Sicherheitspolitik zuständig war, nahm ich regelmäßig Kontakt auf. Mir war klar: Beziehungen bahnen sich in Frankreich über ein gutes Essen an. Ganz formell lud ich ihn also zu einer Besprechung in ein renommiertes Restaurant in der Nähe des Élysée-Palastes ein und erwähnte nebenbei, dass letztens auch der Präsident hier diniert habe. Gaillard hatte in Geschichte promoviert, war nach der Wahl Mitterrands 1981 als Mitglied der Sozialistischen Partei vom Außenministerium in den Élysée berufen worden und erzählte mit dem Hochmut, der die französischen Intellektuellen auszeichnet, er habe nie gewusst, wo sich das Amt des Präsidenten befand, da es *rive droite*, auf dem rechten Ufer der Seine, lag, der Heimat von Hermès und Dior, von Cartier und Yves St. Laurent, von Maxim's und dem dicken Geld, während ein echter Intellektueller sich zeit seines Lebens nur *rive gauche*, auf dem linken Seineufer, aufhalte – dort, wo die Sorbonne und die Wissenschaft, die Autoren und ihre Verlage, kurz, wo der Geist zu Hause sei. Wir freundeten uns so sehr an, dass wir zusammen ins Kino gingen oder uns gegenseitig nach Hause zum Diner einluden. So wusste ich bald über viele kleine und auch größere Geheimnisse des politischen Geschehens in Paris Bescheid.

Manchmal wurde Jean-Michel zum Nachtdienst eingeteilt. Damit der Präsident im Notfall über besonders wichtige politische Ereignisse auch nachts unterrichtet werden kann, muss in wechselndem Rhythmus immer einer der *conseillers* über Nacht im Élysée-Palast Quartier beziehen. Dafür war in der ersten Etage im westlichen Seitenflügel an der Ecke zur Place Beauvau – gegenüber vom Eingang zum Innenministerium – ein Appartement mit Wohn-, Ess- und Schlafzimmer möbliert worden.

Mehrmals war ich dort sein Gast, und beim ersten Mal machte Jean-Michel eine kleine »Hausführung« durch die Wohnung. Im Schlafzimmer standen zwei durch Nachttische getrennte Betten. Denn der Conseiller durfte seine Frau mitbringen. Lachend zeigte Jean-Michel auf die schmalen Betten und erzählte, auf die Trennung der Betten habe Madame de Gaulle, als ihr Mann Präsident war, bestanden, damit niemand auf die Idee käme, eine andere als seine Angetraute mitzubringen.

Um dem jeweiligen Diensthabenden die Nachtschicht zu versüßen, durfte er zudem ein paar Gäste zum Diner einladen, das die hervorragende Küche des Hauses zubereitete. Einmal bestellte Jean-Michel ein besonderes Mahl für mich persönlich. Denn ich hatte einige Tage zuvor beim Diner zu Ehren von Prinz Charles und Lady Di gefilmt. Um daran zu erinnern, hatte er die Küche gebeten, das gleiche Menü wie für die englischen Hoheiten zu servieren.

Dank der Beziehung zu Jean-Michel Gaillard hatte ich, wenn es wichtig war, auch Zugang zu Staatspräsident François Mitterrand. Gaillard hatte mir folgendes Verfahren vorgeschlagen, um einen Termin bei Mitterrand zu erhalten. Ich sollte Jean-Louis Bianco, dem *secrétaire général des Élysées*, einen Brief mit meiner Anfrage schicken. Da Bianco mich kannte, würde er am nächsten Morgen in der offiziellen Besprechungsrunde mit dem Präsidenten meine Bitte vorbringen, und da er – Jean-Michel – und Hubert Védrine, dem ich auch bekannt war, regelmäßig an dieser Besprechung teilnahmen, würden sie sich sofort dafür aussprechen. Ein oder zwei Tage später rief er mich dann an. Es klappe, die Pressechefin des Élysée, Natalie Duhamel, werde mir den Termin mitteilen.

So lief es auch ab, als Bundespräsident Richard von Weizsäcker den französischen Staatspräsidenten zu einem Staatsbesuch im Oktober 1987 nach Deutschland eingeladen hatte. Am Sonntagabend, einen Tag vor seiner Ankunft, wollte die *ARD* ein längeres Gespräch mit Mitterrand ausstrahlen, das war damals im Programm des ersten Programms noch möglich.

Am Freitagnachmittag zuvor führte ich das Interview im Élysée. Es dauerte fast eine halbe Stunde, und alle zeigten sich rundum zufrieden. Doch ich wurde böse überrascht, als kurz darauf Mitterrands Sprecherin anrief und fragte, ob wir das Interview wiederholen könnten. Das hätte mir ein großes Problem bereitet, denn die Kamerateams waren zum größten Teil schon nach Hause gefahren. Oder ob jemand aus dem Élysée bei mir im Studio vorbeikommen könne, um sich das Interview anzusehen? Ja, das sei möglich. Ich war ein wenig verwirrt, denn das Gespräch war zumindest im Ton auch vom Élysée aufgezeichnet worden. Keine zehn Minuten später kam Élisabeth Guigou[24] aus dem Beraterteam von Hubert Védrine[25] und ließ sich das Interview am Schneidetisch vorspielen. Ab einem gewissen Moment begann sie, sich die Plakate im Raum anzusehen, was mir andeutete, dass sie die fragliche Stelle, um die es ging, gesehen hatte. Sie ließ sich nichts anmerken und verschwand schnell mit der Bemerkung, sie würde sich gleich melden. Eine

Viertelstunde später kam ihr Anruf mit der Frage, ob wir das Interview um einige Sätze kürzen könnten. Ja, das könnten wir. Sie gab die Stelle genau an, wir schnitten. Es waren meiner Meinung nach einige recht unwichtige, nicht sehr konkrete Aussagen. Ich fragte mich, was Mitterrand da wohl andeutete, was er nach Ansicht seiner Berater nicht sagen sollte. Ich konnte es nicht einschätzen.

Am Abend vor Mitterrands Ankunft in Bonn, der damaligen Hauptstadt der Bundesrepublik, sendete die ARD das Interview. Und am nächsten Morgen stand ich an der Auffahrt zur Villa Hammerschmidt, dem Sitz des Bundespräsidenten. Ich hatte mir auch in Paris angewöhnt, bei Besuchen von wichtigen Politikern nicht nur das Kamerateam zu schicken, um die Ankunft zu drehen. Ich hielt es für sinnvoll, sichtbar zu sein. So konnte ich auch mit den Sicherheitsleuten sprechen, die Stimmung spüren und eventuell einen Satz von den sich treffenden Politikern auffangen.

Den Chef der Sicherheit im Élysée kannte ich deshalb bald so gut, dass wir uns mit Handschlag grüßten. Das hatte zur Folge, dass er dem ARD-Team schon einmal außer der Reihe erlaubte, auch zu Gesprächsbeginn in den Salons des Palais zu drehen.

Vor der Villa Hammerschmidt standen an diesem Morgen nur wenige Fotografen und Kameraleute. Die Wagenkolonne mit dem Staatsgast fuhr vor. Mitterrand stieg aus und wurde von Bundespräsident Richard von Weizsäcker empfangen. Aus dem zweiten Wagen kletterte Jean-Louis Bianco, der Generalsekretär des Élysée, er sah mich und

machte einen kleinen Umweg, um mich zu begrüßen und mir die Worte zuzuflüstern: »Le Président
a été très content.« – Der Präsident war mit dem
Interview offenbar sehr zufrieden gewesen, was mir
in Zukunft die Tür immer wieder öffnete.

Mich ließ aber die Frage nicht los, was der Grund
für die Kürzung des Interviews gewesen war. Also
rief ich einige Tage später meinen Vertrauten Jean-
Michel Gaillard an. Er lachte und erklärte mir, Mitterrand habe da ein wenig unverständlich auf ein
Thema im Gespräch mit Helmut Kohl angespielt,
das in Deutschland offenbar äußerst heikel sei. Mitterrand habe dem deutschen Bundeskanzler einen
zweiten Schlüssel für die französischen Mittelstreckenraketen mit Atomsprengköpfen angeboten. Diese Raketen waren den Deutschen ein Dorn
im Auge, denn sie flogen nur 400 Kilometer weit,
wären im Fall ihres Einsatzes also auf deutschem
Gebiet niedergekommen. Kohl habe das Angebot
aber sofort vehement abgelehnt. Er wusste nur allzu
gut, welcher Aufschrei des Entsetzens in Deutschland zu erwarten gewesen wäre, wenn er als Bundeskanzler über den Einsatz von Atomwaffen mit-
entscheiden würde.

Einmal, als wir ein längeres Gespräch fertig aufgezeichnet hatten und nur noch plauderten, erzählte
mir Mitterrand: »Ich habe viel Hesse gelesen. In diesem Sommer aber habe ich zwei Bände der Tagebücher von Thomas Mann gelesen, wobei die nicht
besonders interessant sind. Und ich finde zurück zu
meinen klassischen Autoren wie Böll. Aber meiner
Meinung nach wird zu wenig übersetzt.«

Er lese mehr deutsche als französische Autoren, aber das möge ich bitte niemandem verraten, die Deutschen hätten die gewichtigeren Autoren, die sich um die soziale Entwicklung kümmerten – das war in den 1980er-Jahren! Und einmal fügte er hinzu, er habe gerade *Das Parfum* von Patrick Süskind gelesen, es habe ihm gut gefallen – »C'est très à la mode!«

Ein anderes Mal schlug Mitterrand mir vor, nach der Aufzeichnung eines Gesprächs zwischen uns noch einige Schritte im herbstlichen Park des Élysée zu machen. Ich sprach ihn auf seine angebliche Vorliebe für deutsche Literatur an. Er lachte verschmitzt: Nun hatte er die autobiografischen Werke von Klaus Mann gelesen und fast genüsslich merkte er an, die hätten ihm besser gefallen als die langweiligen Tagebücher des Vaters Thomas. Klaus Mann habe sich ja sehr gequält, regelrecht gefoltert – bis er 1949 in Cannes mit einer Überdosis Schlaftabletten Selbstmord begangen hatte.

Nun reicht es für eine kompetente Berichterstattung nicht, nur im Amt des Staatspräsidenten gut verdrahtet zu sein. Ein erfahrener alter Kollege hatte mir empfohlen, ein Fernsehporträt über Roland Dumas zu drehen, der zwar Politiker, aber noch bekannter als Testamentsvollstrecker von Picasso und anderen Kulturgrößen Frankreichs war.

François Mitterrand hatte Dumas, der auch sein Anwalt gewesen war, zum Europaminister ernannt, ein unbedeutender, dem Außenminister untergeordneter Posten. Doch gute Beobachter der politischen Szene vermuteten, Dumas werde sicher eines Tages Außenminister.

Der gewiefte Kollege fragte mich auch, ob ich den ehemaligen Journalisten Robert Boulay, dreißig Jahre lang die Stimme von *RTL France*, kennen würde. Nein, warum auch? Er meinte, dann müsse ich das schnellstens nachholen. Denn Robert Boulay galt als der Schlüssel zu Dumas.

Schon drei Tage später führte mich der Kollege mit Robert Boulay bei einem Mittagessen im Bistro *Chez Francis* an der Place de l'Alma zusammen. Von Boulay hieß es, er wisse manchmal als Einziger, wo man den gelegentlich nachmittags verschwundenen Europaminister in dringenden Fällen finden konnte. Bei welcher Dame.

Einige Tage nach dem Mittagessen rief Boulay an. Er habe im Terminkalender von Dumas gesehen, dass der Minister Anfang Dezember für ein Wochenende in seinen Wahlkreis im Perigord fahren würde, das könne doch eine schöne, farbige Reportage werden. Abgemacht. Am Freitag vor dem Wochenende fuhr ich mit dem Team in Richtung Perigord, als im Autoradio gemeldet wurde, François Mitterrand sei zu einer Afrikareise aufgebrochen, habe vorher aber noch Roland Dumas zum neuen Außenminister ernannt. Ein Schrecken überkam mich. Als neuer Außenminister musste Dumas den Staatspräsidenten auf dessen Reise ins Ausland begleiten, es würde also sicher nichts mit dem Dreh am Wochenende.

Bei der nächsten Raststelle hielten wir an. Ich eilte zum Telefon und erreichte Robert Boulay, der mir in aller Seelenruhe bestätigte, es bliebe bei dem Besuch im Perigord. Dumas werde dort morgens um zehn mit einem Regierungsflieger auf einer kleinen Piste landen.

Wir filmten den neuen Außenminister auf dem Markt, mit seinen Wählern und bei untergehender Sonne führte ich schließlich mein Interview mit Roland Dumas im Vorgarten eines seiner Unterstützer. Wir waren fast am Ende des Gesprächs, als sein Fahrer angerannt kam und uns unterbrach. Mitterrand sei am Autotelefon und rufe aus Afrika an. Das Ende unseres ersten Interviews.

Seitdem ist meine Beziehung zu Roland Dumas nicht mehr eingeschlafen. »Mon cher Ulrich« nennt er mich inzwischen, wenn er mir einen Brief oder eine Mail schreibt – mittlerweile über hundert Jahre alt. Als ich ihn vor ein paar Jahren an unser erstes Interview in Périgueux und den Anruf Mitterrands erinnerte, lachte er kurz: »Mitterrand war wütend, weil ich nicht mitgeflogen war, obwohl er mich doch gerade zum Außenminister ernannt hatte.«

»Und was war das Problem?«

»Mobutu weigerte sich aus irgendeiner Eitelkeit heraus, zum französisch-afrikanischen Gipfel in Bujumbura in Burundi zu kommen. Deshalb musste ich nach Kinshasa fliegen und ihm die Finanzierung einer neuen Brücke versprechen, damit er endlich kam.«

Als junger Mann war Dumas »getränkt von Germanophobie«[26]. Im Keller des Hauses, in dem er aufwuchs, lagen einige verstaubte Pickelhauben, die der Vater aus dem Ersten Weltkrieg als Souvenir mitgebracht hatte. »Für Gott und Vaterland« habe darauf gestanden. Als französischer Reserveoffizier war der Vater gleich 1914 eingezogen worden und hatte den ganzen Krieg mitgemacht. Es war ein Krieg, der ihn für den Rest seines Lebens zur Wachsamkeit gegenüber dem deutschen Feind erzogen hatte. Im Zweiten Weltkrieg verstand es sich von selbst, dass Vater und Sohn bei der Résistance, dem Widerstand gegen die Deutschen, zu finden waren. Roland wurde 1942 in Lyon verhaftet, weil er gegen ein Konzert der Berliner Philharmoniker demonstriert hatte, wurde aber bald wieder freigelassen und tauchte in Paris unter. Sein Vater hatte weniger Glück: Im März 1944 wurde er als Geisel von deutschen Soldaten erschossen. Von nun an hatte Roland einen persönlichen Grund, die Deutschen zu hassen.

Als ich ihn in einem Gespräch, das ich später einmal für die *Süddeutsche Zeitung* mit ihm führte, darauf ansprach, dass die Deutschen seinen Vater erschossen hätten, warf er spontan ein: »Die Nazis.«

»Schön, dass Sie das unterscheiden«, antwortete ich ihm.

»Es waren übrigens ›Gelegenheitsnazis‹«, fuhr Dumas fort. »Die Typen sprachen noch nicht einmal deutsch. Das waren Truppen, die irgendwo in Zentraleuropa rekrutiert worden waren.«

»Haben Sie damals schon zwischen Nazis und Deutschen unterschieden?«

Nein, das hatte er nicht. »Zwischen Nazis und Deutschen zu unterscheiden ist eine intellektuelle Anstrengung, die jedes Individuum machen sollte. Unterscheiden in Bezug auf eine Doktrin, durch die eine Bevölkerung monströs wird. Es ist nicht die

Bevölkerung selbst, die barbarisch ist. Die Doktrin etwa, die Hitler verkörperte, machte, dass man sich wie ein Barbar benahm. Es dauerte eine Weile, bis ich das unterscheiden konnte.«

So wie ich von einem Kollegen auf den Europaminister Dumas aufmerksam gemacht worden war, muss auch die Deutsche Botschaft in dieser Zeit Außenminister Hans-Dietrich Genscher einen guten Rat gegeben haben. Denn als er wieder einmal zu einem Routinegespräch beim damaligen Außenminister Claude Cheysson im Außenministerium am Quai d'Orsay weilte, bat Genscher um ein Treffen mit dem Cheysson unterstellten Europaminister Roland Dumas, den er bislang nicht kennengelernt hatte. Aber, so erzählte mir Genscher später: »Man hatte mir gesagt, das sei ein ganz wichtiger Mann, der Mitterrand sehr nahestehe, und man raunte auch, dass er Außenminister werden würde.«

Also wurde Genscher durch den Hof des Ministeriums in eine dahinter liegende Villa geführt, wo sich die wenigen Amtsräume des vom politischen und protokollarischen Rang her unbedeutenden Europaministeriums befanden. Doch der Rangunterschied störte den deutschen Außenminister und Vizekanzler aus Bonn nicht.

»Es war nur insofern außergewöhnlich«, so Genscher, »als Dumas der einzige beigeordnete Minister war, mit dem ich je ein selbstständiges Treffen vereinbart habe.«

Genscher wurde freundlich, aber reserviert empfangen. Da er ein begnadetes Gespür hatte, sich Menschen zu erschließen, erzählte er Dumas von seiner Herkunft aus dem östlichen Teil Deutschlands und was die Teilung für ihn bedeutete. Er sprach von seinem Großvater, dem Wehrpflichtigen in Lunéville (als Lothringen zum Deutschen Reich gehörte), der immer gesagt habe, mit den Franzosen müssten die Deutschen zusammengehen.

Genscher: »Es hat sich sehr schnell gezeigt, dass eine menschliche Sympathie da war. Sehr viel Wärme, zu der Dumas ja sehr stark fähig ist.«

Und Dumas bestätigte mir, dass es gut war, die Beziehung »in aller Offenheit zu beginnen. Das hat uns beiden erlaubt, ein totales Vertrauen zueinander zu entwickeln. Wenn er später etwas sagte, vertraute ich ihm. Wenn er sagte, das kann ich nicht machen, denn da gibt's ein innenpolitisches Problem oder eines in der Koalition, dann wusste ich, es ist so. Und auch ich konnte voller Offenheit mit ihm über das reden, was in Frankreich passierte. Ich habe ihn nie überlistet, was ja in der Politik selten ist.«

Roland Dumas lachte, als er das sagte.

Nur ein Jahr nachdem Genscher und Dumas sich kennengelernt hatten, war das jeweilige Vertrauen in den anderen so groß, dass sie Politik gemeinsam »über Bande« spielen konnten. Sie traten gemeinsam bei Pressekonferenzen auf, stimmten ihre Reden etwa bei KSZE-Sitzungen aufeinander ab und telefonierten wie zwei alte Kumpel jeden Sonntagnachmittag, um die Weltlage zu besprechen – oder wenigstens um zu fragen, wie es dem anderen ginge.

In mindestens zwei bedeutenden Fällen nutzte Genscher diese »French Connection«, um seine

Vorstellungen gegen die von seiner Linie abweichende Meinung in den Reihen des Koalitionspartners, ja, in einem der beiden Fälle sogar bewusst gegen Bundeskanzler Kohl, voranzutreiben. Umgekehrt konnte Dumas, und durch ihn auch François Mitterrand, auf Genscher setzen, wenn es innenpolitischen Zwecken in Frankreich dienlich war.

Die Beziehung der beiden Außenminister bekam sogar eine »Struktur«, indem beide jeweils einen Vertrauten bestimmten, um Routineaufgaben zu übernehmen und den regelmäßigen Kontakt zu halten.

Bei Dumas war es sein Duzfreund Robert Boulay, der als einziger Nicht-Diplomat im Ministerbüro eine Sonderrolle spielte. Genscher entsandte an die Botschaft in Paris Diplomaten, von deren Fähigkeiten er in besonderem Maße überzeugt war, da sie früher in seinem Ministerbüro gearbeitet hatten.

Im Laufe der Jahre wurde Boulay mein »Agent« im Büro des Ministers Dumas. Er war überzeugt von der Notwendigkeit der deutsch-französischen Freundschaft. Sein Vater hatte in Verdun gekämpft und war von den Gräueln dieser Grabenschlacht so geprägt, dass er jeden Sonntag beim Familienessen davon erzählte, bis eines schönen Mittags sein Enkel, der siebenjährige Sohn von Robert Boulay, der ewigen Kriegserinnerungen überdrüssig, sagte: »Pourquoi t'es pas mort à Verdun? – Warum bist du denn in Verdun nicht gefallen?«

Kurzum, für Robert Boulay war die deutsch-französische Aussöhnung Pflicht. Dies galt sogar bis hin zu kleinen symbolischen Gesten, für die Franzosen so feinfühlig sein können: Boulay sorgte dafür, dass deutsche Diplomaten, wenn sie zum Abschied mit einem französischen Orden ausstaffiert wurden, einen Rang höher geehrt wurden als die Diplomaten anderer Länder.

Anders als das Freundespaar Schmidt – Giscard, das seine Zusammenarbeit auf große politische Fragen konzentrierte, dachten Genscher und Dumas auch daran, die deutsch-französische Freundschaft durch praktische Anwendung zu verknüpfen.

Bei einem gemeinsamen Frühstück in Brüssel schlug Genscher vor, eine gemeinsame Deutsch-Französische Botschaft zu errichten. Als Land, wo dies angebracht sei, bot sich die Mongolei an, da weder Deutschland noch Frankreich bisher dort vertreten waren. Dumas sagte sofort begeistert zu. Drei Jahre lang, so wurde ausgemacht, solle ein französischer Botschafter die Mission leiten, vertreten durch einen deutschen Diplomaten, und die nächsten drei Jahre würde ein Deutscher Behördenchef und Botschafter sein, vertreten durch einen Franzosen.

Doch die französischen Diplomaten mauerten. Sie ärgerten sich sowieso schon darüber, wenn Dumas während heftiger Diskussionen zwischen französischer und deutscher Delegation in die deutsche Sprache verfiel und Genscher entsprechend antwortete, was sie nicht verstanden. Scherzhaft nannten ihn manche – hinter seinem Rücken – Hans-Dietrich Dumas. Doch auf Deutsch konnten sich die beiden Minister sehr viel schneller verständigen und etwaige Probleme oder Missverständnisse ausräumen.

Um die Idee der gemeinsamen Botschaften zu torpedieren, holen sich die Beamten im französischen Außenministerium bei ihren Freunden im Staatsrat, mit denen sie gemeinsam die Verwaltungshochschule ENA besucht hatten, ein Gefälligkeitsgutachten, wonach es die französische Vorstellung von Souveränität nicht zuließe, dass ein deutscher Diplomat einem ihm untergeordneten Franzosen Weisungen erteile.

Genscher entgegnete: »Verfassungsrechtlich absurd!«

Durchgesetzt hat Dumas immerhin den regelmäßigen Austausch von Diplomaten. Jeweils für ein Jahr wird ein deutscher Diplomat ins französische Außenministerium versetzt und umgekehrt ein Franzose ins Auswärtige Amt.

Der Austausch der Diplomaten führte dazu, dass bei den KSZE-Verhandlungen in Wien ein französischer Diplomat für Deutschland das Wort ergriff – und umgekehrt. Und als eines Tages in Bonn ein sowjetischer Diplomat im Auswärtigen Amt vorsprach, um gegen eine vermeintliche Verletzung des Viermächte-Status zu protestieren, traf er, ohne es zu wissen, auf den vorübergehend in deutschen Diensten stehenden französischen Diplomaten Christian Connan. Als der Sowjetdiplomat drohte, sein Land werde auch in Paris vorsprechen, antwortete Connan: »Sie haben keine Chance, dort gehört zu werden.«

Der Russe: »Wie kommen Sie dazu, so etwas zu sagen?«

Connan: »Weil ich Beamter des Quai d'Orsay bin.«

Besonders wichtig wurde das persönliche Verhältnis zwischen Dumas und Genscher in der Zeit, in der die Wiedervereinigung verhandelt wurde. Es war eine Zeit, in der viele aktive Politiker nach außen anders redeten, als sie wirklich dachten.

# Erzangst

Wer nicht mehr im Amt war, sprach aus, was andere dachten: »Am Scheideweg Europas trifft man auf ein großes Fragezeichen: Welches ist die Rolle, wo ist der Platz Deutschlands?«[27] Diese Frage stellte Valéry Giscard d'Estaing, Frankreichs ehemaliger Staatspräsident und Freund von Helmut Schmidt. Und ergänzte: »Das Misstrauen ist in bestimmten diplomatischen und politischen Kreisen lebendig geblieben und drückt sich häufig verletzend für die Deutschen aus. Man kann es auf eine Feststellung und auf eine Frage reduzieren: Man kann den Deutschen nicht trauen. Wie kann man es an Europa ketten, um seine Handlungsfreiheit so stark wie nur möglich einzuschränken?«

Und genau dieses Misstrauen nahm ich fast überall wahr. In der Politik, aber auch in der Presse und bei Intellektuellen. Allerdings weniger bei den einfachen Bürgern. So offenbarte Michel Debré, ehemaliger französischer Premierminister und engster Vertrauter von Charles de Gaulle, seine Angst vor den Deutschen: »Wir leben in einer Zeit des Krieges und nicht des Friedens«, schrieb er und beschwor das Gespenst von Rapallo – jenes 1922 geschlossenen Vertrages, der die Versailler Nachkriegsordnung erschüttert hatte. Debré fürchtete eine neue Art des Krieges: Wirtschaftlich, kulturell und demografisch werde er geführt. Er speise sich aus der seit dem 19. Jahrhundert bestehenden Angst, Frankreich könne aussterben. Und da kenne man ja die »germanischen Wünsche«[28].

»Man muss Angst haben vor den Deutschen«, druckte die Wirtschaftszeitschrift *Challenges* auf ihr Titelblatt. Es war ein beliebtes Thema in der französischen Presse. Zu ihrer Angst vor Deutschland bekannte sich selbst die große alte Dame der französischen Literatur Marguerite Duras: »Die ganze Welt hat Angst vor Deutschland... auch ich habe Angst vor dem Deutschland von früher. Heute immer noch. Zwar ist der Krieg seit fünfundvierzig Jahren zu Ende, aber trotzdem habe ich noch Angst.«[29]

Ich spürte überall Ängste, was mich veranlasste, ein Buch mit dem Titel *Angst vor Deutschland* herauszugeben. In seinem Beitrag für das Buch weist Außenminister Roland Dumas jede Form der Angst zurück: »Für mich liegen die Gründe dieser Angst in einer Fixierung auf eine Vergangenheit, von der nur ein bruchstückhaftes und äußerst grob gezeichnetes Bild zurückbleibt... Die Freiheit von heute fegt allen Hass der Vergangenheit hinweg. Geben wir den wenigen unbegründeten Ängsten nicht die geringste Chance, ihn wieder aufleben zu lassen.«[30]

Aber sein Präsident François Mitterrand war innerlich geprägt von den gleichen Gedanken wie Giscard, Debré und die ihn verehrende Schriftstellerin Marguerite Duras. Allerdings war er weise genug, dies öffentlich nicht zu äußern. In seinem letzten Buch *De l'Allemagne, de la France*[31], das er kurz vor seinem Tod schrieb und das erst posthum erschien, schildert er aus seiner Sicht, wie er die deutsche Einheit begleitet hat.

Im Juli 1989 sagte er der *Berliner Tageszeitung*: »Das Streben nach der Wiedervereinigung ist ein legitimes Streben.« Diesen Satz wiederholte er fast wörtlich in einem großen Interview mit fünf großen europäischen Zeitungen und fügte hinzu, die Wiedervereinigung könne nur »friedlich und demokratisch« verwirklicht werden. Friedlich bedeutete für ihn, vor der Vereinigung müssten die Grenzen von Deutschland anerkannt werden. Und damit meinte er, die Bonner Regierung in der Person des Bundeskanzlers müsse die Oder-Neiße-Grenze anerkennen. Demokratisch wiederum bedeutete das: Die Bevölkerung der DDR, und nicht nur die ostdeutsche Regierung, müsse der Vereinigung zustimmen. Offiziell wich Mitterrand von dieser Linie nicht ab.

Inoffiziell aber machte sich der französische Staatspräsident große Sorgen. Bei einem Diner im Palais Beauharnais saß ich in dieser Zeit einmal neben Robert Mitterrand, dem ein Jahr älteren Bruder des Präsidenten. Robert und François pflegten ein sehr enges, auch politisch enges Verhältnis. Denn Robert hatte nach dem Krieg vier Jahre lang das Büro des damals sehr jungen Ministers François geleitet und in den 1960er-Jahren in dessen Wahlkampfbüro mitgearbeitet.

Robert Mitterrand nahm – selbst ziemlich empört – kein Blatt vor den Mund. Sein Bruder sei entsetzt

über die sich möglicherweise anbahnende Wiedervereinigung beider Teile Deutschlands. Würde
Deutschland aus der NATO und der EU ausbrechen,
sich vielleicht zur Atommacht aufschwingen und als
mitteleuropäisches Land mit einigen Satellitenstaa-
ten wieder zur Großmacht entwickeln wollen?

François Mitterrand fürchtete, die Geschichte
werde zurückgedreht ins 19. Jahrhundert. In mehr
oder weniger drastischer Form äußerte er sich so in
Privatgesprächen etwa mit der britischen Premierministerin Margaret Thatcher, mit Michail Gorbat-
schow, selbst gegenüber dem SED-Vorsitzenden
Gregor Gysi im Dezember 1989 und dem polnischen
Staatspräsidenten Wojciech Jaruzelski während dessen Besuch in Paris Anfang März 1990. Die Umfragen im Lande aber zeigten, dass eine überwiegende
Zahl von Franzosen dem Wunsch der Deutschen
nach einer Einigung zustimmte.

Schon als Ungarn seine Grenzen nach Österreich
öffnete und die meist jungen Ostdeutschen in die
Bundesrepublik fuhren, veröffentlichten französische Medien Jubelberichte über den Sieg der Freiheit. Schließlich ist Freiheit ein Wert, zu dem die
Franzosen eine viel stärkere, auch emotionalere
Beziehung haben als die Deutschen.

Uns Deutschen in Paris gratulierten damals der
Metzger, der Bäcker, der Käsehändler. Eine französische Mitarbeiterin, deren Vater *résistant*, Wider-
ständler, und ein enger Mitarbeiter von General de
Gaulle gewesen war, rief aus dem Urlaub an und
beglückwünschte uns, was wiederum uns erstaunte,
aber auch rührte.

Natürlich erzählte der Metzger nach einem Wochenende auf dem Land bei seiner Mutter, die Leute fragten sich dort schon, ob Deutschland nicht noch stärker würde, zu stark vielleicht. Aber die Zweifel wurden von der Zustimmung überdeckt.

Nicht nur die immer wieder veröffentlichten Umfragen bestätigten die weitgehend positive Stimmung, sondern auch das Verhalten der Menschen. Als die Mauer fiel, fuhren Tausende von jungen Franzosen spontan nach Berlin, denn in diesem politischen Ereignis sahen sie ihr Fest der Freiheit, ein Fest, das nicht mit der Frage nach der Nationalität verquickt war. Für sie war es kein ausschließlich deutsches Ereignis, sondern – wie die Französische Revolution – ein europäisches: also auch ihres.

Flüge von Paris nach Berlin waren am Tag nach der Öffnung der Mauer ausgebucht. Vermittelt von einer prominenten Journalistin beschloss auch Simone Veil, im Privatjet von Antoine Riboud, dem Besitzer von Danone, nach Berlin zu fliegen, als ein Zeichen der geteilten Freude. Eine große Geste der renommiertesten Politikerin Frankreichs, mehrmals Ministerin, später Präsidentin des Europäischen Parlaments – und Überlebende von Auschwitz, ihre Mutter und ihr Vater kamen in deutschen Lagern um. Mit Veil flogen Mitterrands Anwalt und späterer Minister Georges Kiejman und der Cellist Mstislav Rostropowitsch, der in Paris im Exil lebte. Der Musiker wollte der »wiedergefundenen Freiheit« huldigen, ließ sich an die Mauer fahren und spielte Bach »als Dankgebet an Gott«.

Während des Einigungsprozesses im Herbst 1989

und dem Frühjahr 1990 musste ich – wie alle Journalisten – die Haltung Frankreichs häufig eher aus Stimmungslagen denn aus belegten Fakten interpretieren.

Mitterrand und Kohl hatten zahlreiche Kontakte, und manchmal konnte man der Körperhaltung der Politiker entnehmen, wie die Beziehung der beiden zueinander einzuordnen war. Ich erinnere mich an eine Pressekonferenz im Élysée nach einem Zweiergespräch, wo beide sich mit bitterböser Miene so mit dem Rücken zueinander stellten, als wollten sie den anderen nicht sehen.

Als nun Kohl am 28. November 1989 seinen Zehn-Punkte-Plan zur Überwindung der Teilung Deutschlands vor dem Bundestag vortrug, ohne Genscher, ohne François Mitterrand vorher unterrichtet zu haben, beklagte sich der französische Staatspräsident bei seinem Außenminister Dumas, wie der mir erzählte: »Mitterrand war sauer und sagte mir: ›Das hätte dir dein Freund Genscher doch sagen können…‹ Also rief ich Genscher an, und der antwortete, du kannst Mitterrand sagen, auch ich wusste nichts. Auch ich habe die Rede erst gehört, als Kohl sie hielt. Kohl hatte nur kurz zuvor die Amerikaner unterrichtet.«

»Hat Mitterrand Kohl misstraut?«

»Ja und nein. Mitterrand hielt Kohl für einen überzeugten Europäer. Aber Kohl richtete sich zu sehr nach den Wählern… Mitterrand traute Genscher da mehr als Kohl. Mitterrand misstraute Kohl besonders deswegen, weil der sich weigerte, die Oder-Neiße-Grenze anzuerkennen.«

Mitterrand bat deshalb Genscher, nach Paris zu kommen, um ihm die zehn Punkte Kohls, die Haltung der Bundesregierung und die Lage in Deutschland zu erklären. Und schon zwei Tage später traf Genscher zuerst Dumas, dann Mitterrand in Paris. Dass die Einheit nun kommen würde, war Dumas wie Mitterrand klar. Mitterrand wollte jedoch wissen, ob Deutschland weiterhin auf die europäische Integration hinarbeiten würde, was Genscher bejahte. Und zur Grenzfrage wies Genscher darauf hin, dass er selbst vor der UNO einige Monate zuvor die Oder-Neiße-Grenze anerkannt habe. Genscher erinnerte sich: »Das war für die Franzosen die Schlüsselfrage … Ich habe geradezu euphorisch den Élysée verlassen, weil mir klar wurde, wenn Frankreich in dieser Weise prozediert, würde im Westen dem niemand widersprechen können. Denn was Mitterrand als Erwartung äußerte, war für mich nicht eine Bedingung, die zu erfüllen ich Schwierigkeiten hatte, sondern das war für mich etwas, was ich wollte. Und der Zustimmung der USA war ich mir schon sicher.«

Doch wozu sich Genscher offen bekannte, verweigerte der Bundeskanzler. Das führte für einige Monate zu einer angespannten Beziehung. Ich will jetzt nicht die verschiedenen Gipfeltreffen in diesen Tagen aufzählen, bei denen Kohl seiner Linie treu blieb. Stets spürte er den Widerstand fast aller europäischen Partner, besonders den Großbritanniens, aber auch den Frankreichs. Kohl fühlte sich manchmal alleingelassen. Ja, sogar einsam.

In der zweiten Jahreshälfte 1989 hatte Frankreich

den Vorsitz im Rat der EU, und als Ratsvorsitzender wollte Mitterrand noch einen Staatsbesuch in der DDR absolvieren, wohl mit dem Hintergedanken, den Einheitsprozess zu bremsen. Kohl wollte allerdings vorher noch in die DDR reisen und war über die Planungen Mitterrands verärgert. Er schaffte es gerade noch, einen Tag vor der Ankunft des Franzosen in Ostdeutschland den neuen DDR-Ministerpräsidenten Modrow in Dresden zu treffen.

Als Frankeich-Korrespondent der *ARD* begleitete ich Mitterrand auf dem Besuch in der DDR. Neben Ostberlin besuchte er am 21. Dezember Leipzig. Dort traf er sich mit Studenten und besuchte die Nikolaikirche.

Am späten Nachmittag flog ich mit der französischen Pressemaschine zurück nach Berlin – und weil ich sehr in Eile war, um meinen *Tagesschau*-Bericht rechtzeitig für die 20-Uhr-Sendung fertigzustellen, überließen mir die Mitarbeiter des Élysée einen ihrer Wagen mit Polizeieskorte, der mich in rasendem Tempo zum Marx-Engels-Forum brachte. Dort wartete ein Übertragungswagen auf mich. Ich hatte die Texte für die *Tagesschau* und die *Tagesthemen* im Flugzeug geschrieben, konnte meine Berichte deshalb auch pünktlich nach Hamburg überspielen und ging – ziemlich erledigt – zum Grand Hotel Berlin in der Friedrichstraße, wo Presse und Mitarbeiter des Élysée untergebracht waren. Als ich dort ankam, kamen mir einige mir bekannte französische Journalisten und Mitarbeiter des Élysée entgegen, und ich fragte, ob sie auf dem Weg zum Essen seien.

»Nein! Wir gehen zum Brandenburger Tor, das wird um Mitternacht geöffnet.«

Natürlich schloss ich mich ihnen an. Unsere Akkreditierungen für den Staatsbesuch machten auf die DDR-Sicherheit Eindruck, und wir durften bis zu einer Absperrung kurz vor dem Brandenburger Tor laufen.

Um Mitternacht wurden die Betonteile der Mauer direkt am Brandenburger Tor mit riesigen Kränen aufgerissen. Während im Westen Tausende von Menschen warteten, standen wir ziemlich allein auf dem Pariser Platz.

Als die erste, knapp 1 Meter breite Bresche in die Mauer geschlagen war, steckte zu unser aller Verwunderung als einer der Ersten der prominente Kulturminister Frankreichs Jack Lang seinen Kopf vom Westen in den Osten. Wie es dazu kam, schilderte Georges Kiejman, ein Freund Mitterrands, den der Staatspräsident auf diesen Staatsbesuch in die DDR mitgenommen hatte. In einem kleinen Restaurant, das Kiejman an die 1930er-Jahre erinnerte, fand ein fröhliches Abendessen statt. Dabei waren unter anderem François Mitterrand, Stefan Heim und Christa Wolf, Kulturminister Jack Lang und die französische Übersetzerin Brigitte Sauzay. Als Mitterrand schlafen ging, stiegen Georges Kiejman, Jack Lang und Brigitte Sauzay in einen Wagen und ließen sich auf die Westberliner Seite der Mauer am Brandenburger Tor fahren.

Kiejman: »Mit ungläubigen Augen sahen wir die Mauer fallen. In diesem Moment dabei zu sein, war für mich völlig unerwartet und berührend. Es sind die Kräne, die in meinem Gedächtnis eingebrannt bleiben.«[32]

Der Korrespondent des französischen Fernsehens *TF 1* Pierre Thivolet hatte eine Magnumflasche Champagner mitgebracht und öffnete sie unter großem Jubel von uns. Wir tranken aus Pappbechern, boten auch den uniformierten DDR-Polizisten etwas an, die sich jedoch zurückhielten. Ich bat einen von ihnen, mir ein paar Steinbrocken von der Mauer zu bringen. Das tat er, und so liegt heute noch neben den Büchern in meinem Arbeitszimmer ein zwei Hände großes Mauerstück, allerdings auf der flachen Seite völlig weiß, denn es stammte ja von der Ost-Seite, wo keine Graffiti aufgesprüht worden waren.

Mitterrand machte sich nach diesem Abend schnell davon, weil er nicht am nächsten Mittag mit dem BRD-Bundeskanzler und dem DDR-Ministerpräsidenten durch die Mauer und das Brandenburger Tor gehen wollte. Als er dafür kritisiert wurde, redete er sich damit heraus, er sei ja nicht eingeladen worden, was nicht stimmte.

Über die ruhigen Feiertage gingen der Präsident und der Kanzler in sich. Mitterrand hatte Kohl mit seinem Besuch in der DDR geärgert, Kohl ärgerte Mitterrand mit seiner Weigerung, die Oder-Neiße-Grenze öffentlich anzuerkennen. Bei Gipfeltreffen in Anwesenheit anderer, besonders der britischen Premierministerin, beharrte jeder von ihnen auf seiner öffentlich geäußerten Position.

Das Vertrauen zwischen beiden war zwar nicht erschüttert, doch es musste gerade in diesen historischen Momenten der Weltpolitik wieder ein Modus für eine freundschaftliche Zusammenarbeit gefunden werden. Solch ein Vertrauensverhältnis lässt sich leichter in einem persönlichen Umfeld wiederherstellen, wo man einander eher offen und ungezwungen die Wahrheit sagen kann als in einer offiziellen Umgebung.

# Es menschelt

François Mitterrand lud seinen deutschen Freund – denn das war Kohl nach wie vor – wenige Tage nach Neujahr zu sich in sein Ferienhaus Latche ein.

Helmut Kohl war bewusst, dass er den französischen Präsidenten überzeugen musste, und ihm war auch klar, was Frankreich von Deutschland unterschied. In einem Gespräch sagte er mir einmal, er habe von Adenauer gelernt, wie ein deutscher Kanzler sich bei einem Besuch in Frankreich zu verhalten habe: Vor der Trikolore verneigt er sich dreimal, vor der deutschen Fahne einmal.

Nur begleitet vom deutschen Dolmetscher und der französischen Dolmetscherin und je einem persönlichen Berater verbrachten die beiden Staatsmänner zwei Tage in Mitterrands Landhaus und gingen am Meer spazieren.

Hier erlebte der Besucher den französischen Präsidenten nicht als erhabenen Staatsmann in den goldenen Salons des Élysée-Palastes, sondern François Mitterrand als einen einfachen, entspannten Landbewohner in Pullover und kurzem Lederwams.

In den 1960er-Jahren hatte Mitterrand eine zerfallene Schäferei in den Pinienwäldern des Départements Landes in der Gascogne, an der Atlantikküste nicht weit von Biarritz, als Ruine mit 1000 Quadratmetern Land für wenig Geld gekauft. Ein simples Gemäuer, in dem im 19. Jahrhundert Schäfer, Harz- und Korksammler gelebt hatten. Die Ruine wurde ausgebaut, ein kleiner Schuppen als Arbeitsrefugium für Mitterrand persönlich hergerichtet, aber alles blieb bescheiden und einfach. Mitterrand suchte das Landleben, das ihn an die Zeit auf dem Bauernhof seiner Großeltern erinnerte. Mit der Zeit dehnte er seinen Besitz auf 40 Hektar aus, um keine Nachbarn zu haben. Er hielt sich zwei Esel, mit denen er seine Späße machte, worüber seine Frau nur lachend den Kopf schütteln konnte. Wie konnte ein großer Staatsmann so kindisch sein!

In seinem Wald wuchsen riesige Pinien und Korkeichen. Er selbst pflanzte weitere Eichen und pflegte die jungen Schösslinge mit der Gartenschere. Bevor Kohl anreiste, hatten schon viele Politiker den französischen Staatspräsidenten in Latche besucht; Henry Kissinger war der erste, der gleich nach Mitterrands Amtsantritt den sozialistischen Präsidenten, der kommunistische Minister ernannt hatte, kennenlernen wollte. Der erste amtierende Staatsmann war aber Helmut Schmidt.

Der sozialdemokratische Bundeskanzler und Mitterrand verstanden sich eigentlich überhaupt nicht, weil Schmidt während des französischen Wahlkampfs öffentlich zu Mitterrands Gegner Giscard gehalten hatte. Dagegen waren Willy Brandt und Mitterrand gut befreundet. Brandt mietete sich sogar einmal in der Nachbarschaft von Mitterrands

Schäferei für einen Sommerurlaub ein Ferienhaus. Um Entspannung besorgt schlug Brandt seinem französischen Freund vor, Schmidt für ein Wochenende nach Latche einzuladen.

Schmidt reiste im Oktober 1981 an und brachte als Gastgeschenk zwei von Loki mit Blumen handgemalte Teller mit, die seitdem als einziger Wandschmuck in der Küche in Latche hingen.

Politisch kamen sich der Bundeskanzler und der französische Präsident schnell nah. Anders als der zögerliche Giscard war Mitterrand fest von der Notwendigkeit überzeugt, gegen die sowjetischen SS-20 in Europa aufzurüsten.

Am Ende des Besuchs lud Schmidt den französischen Präsidenten sogar ein, vor dem Bundestag seine Gedanken zur Sicherheit Europas und der Nachrüstung mit atomaren Mittelstreckenraketen vorzutragen. Mitterrand nahm an, allerdings kam er erst im Januar 1983, als bereits Helmut Kohl regierte und vorgezogene Neuwahlen im März anstanden.

Zu den Eigenarten von Mitterrand gehörte es, dass er häufig Gespräche mit Fragen begann. Und so erinnert sich Mitterrands Sohn Gilbert, der den Besuch von Helmut Schmidt in Latche miterlebte, wie sein Vater sagte: »Helmut, wir müssen über die Frage der deutschen Wiedervereinigung sprechen, diese ganz legitime Frage könnte sich zwischen jetzt und dem Ende des Jahrhunderts stellen.« Schmidt habe geantwortet: »François, warum stellen Sie mir diese Frage, wir sehen das längst nicht … Erklären Sie mir, warum Sie glauben, es könne schneller kommen, als man denkt?«

»In zehn, höchstens fünfzehn Jahren wird die Sowjetunion die Wiedervereinigung nicht mehr verhindern können«, urteilte Mitterrand. Aber Schmidt antwortete: »Ich rauche viel, ich habe einen Herzschrittmacher, ich werde vor der Wiedervereinigung sterben.«[33] Mitterrands Frage zeigt, wie sehr ihn die Rolle Frankreichs und Deutschlands in der Geschichte und in der Zukunft beschäftigte.

Politisch mögen Schmidt und Mitterrand sich an diesem Wochenende verstanden haben. Persönlich scheint es nicht so gewesen zu sein. Das bezeugt Heiko Engelkes, damals Frankreich-Korrespondent der *ARD*. Er berichtete für die *Tagesschau* über den Besuch von Schmidt in Latche. Was er erlebte, schildert er als ziemlich ernüchternd.

Die Gespräche waren vorzeitig abgebrochen worden. Engelkes sah Mitterrand und Schmidt schweigend am Rande des Gartens stehen. Da kein Dolmetscher in der Nähe stand, winkte Schmidt Engelkes heran und sagte: »Übersetzen Sie doch mal, und zwar wörtlich, was ich Mitterrand mitteilen möchte.«[34]

Der Bundeskanzler zeigte auf die beiden Lieblingsesel von Mitterrand und sagte: »Esel sind wie Philosophen.« Mitterrand strahlte. Doch Schmidt ergänzte: »Sie starren in die Ferne und denken an nichts.« Mitterrand, so Engelkes, ging angewidert davon. Schmidt hatte ihn und seine Esel zutiefst beleidigt.

Da Engelkes noch am selben Tag in die Bundesrepublik zurückmusste, durfte er bei Schmidt mitfliegen. »Als der Hubschrauber abhob«, so erzählt Engelkes, »befahl ›Schmidt-Schnauze‹ mir: ›Sieh doch mal raus, ob er noch winkt.‹ Ich blickte durch das Bullauge in der Tür und sagte: ›Ja, Herr Bundeskanzler, er winkt noch.‹ Daraufhin Schmidt harsch: ›Dann wink zurück.‹ Was ich tat, ohne aber zu zeigen, wer da winkte.«

Mit einem großen Seufzer ließ sich Schmidt dann abfällig über Mitterrand aus. Mitterrand wird auch häufig über Schmidt geseufzt haben, denn er beschreibt dessen Auftritte beim Europäischen Rat als brutal und aggressiv, was seinem »Blick immer einen wütenden Ausdruck vermittelte. Wenn er sprach, stützte er seinen Kopf immer auf einen Ellenbogen auf und holte ständig irgendwelche Papiere aus seiner Jackentasche, die er auf den Tisch warf und bei denen es nur darum ging, zu unterstreichen, welche enormen finanziellen Opfer die Bundesrepublik für Europa bringe. Madame Thatcher zwinkerte mir halb ernst, halb schelmisch zu ... Helmut Schmidt machte den Eindruck, immer wütend zu sein.«[35]

Es ist eine bekannte Tatsache, dass sich gegenseitiges Vertrauen nur dann aufbaut, wenn die handelnden Staatsmänner sich auch persönlich kennenlernen, so wie Adenauer und de Gaulle, wie Giscard und Schmidt und wie Dumas und Genscher. Und deshalb lud Helmut Schmidt den französischen Präsidenten nach Hamburg in sein Reihenhaus ein. Dort spielte er Mitterrand am Piano deutsche Lieder vor, während Loki »mit Kunst und großer Genauigkeit« Blumen auf Porzellanteller malte.

An der Elbe gingen die beiden spazieren, Helmut Schmidt mit seiner Lotsenmütze, und redeten über die großen Linien der Weltpolitik. Das war es, was Schmidt interessierte, und Mitterrand verstand plötzlich, warum der Deutsche sich so gut mit Giscard verstanden hatte, und entdeckte »Stück für Stück ein anderes Gesicht« an ihm. Die Lotsenmütze war der Ausdruck, »die Verkörperung eines Mannes, der an der Spitze eines Volkes von Kaufleuten stand«.

Auch Helmut Kohl hat acht Jahre später, im Januar 1990, in dem Bauernhaus in Latche übernachtet. Ihm wurde das Zimmer von Sohn Gilbert zugeteilt. Das Bett mag für den pfälzischen Riesen ein wenig eng gewesen sein.

Kohl versicherte Mitterrand bei dem Treffen in Südfrankreich, wie wichtig ihm das deutsch-französische Verhältnis sei. Er betonte, dass schon Adenauer gesagt habe, das deutsche Problem könne nur unter einem europäischen Dach gelöst werden. Ein vereintes Deutschland werde mit Frankreich auf dem Weg der europäischen Gemeinschaft vorangehen. Am Ende des Tages zeigten sie sich versöhnt vor der Presse. Mitterrand schien Kohl im Vereinigungsprozess zu unterstützen, indem er erklärte, wäre er Deutscher, wäre er für eine Wiedervereinigung so schnell wie möglich.

Aber in zwei Punkten blieben sie unterschiedlicher Auffassung: Der Prozess zu einer gemeinsamen Währung, die für die Westbindung Deutschlands bürgt, und die Anerkennung der Oder-Neiße-Grenze, die die Sicherheit der Grenzen in Europa garantiert, müssten vor einer Wiedervereinigung beschlossen werden.

In seinem Buch über Deutschland schildert Mitterrand Helmut Kohl mit warmen Worten. Er habe ihn sehr geschätzt und war »sehr empfänglich für dessen gesunden Menschenverstand, seine Menschenkenntnis, seine Fähigkeit, Schläge wegzustecken, seine Art der Intelligenz, dessen Schärfe zu viele Intellektuelle unterschätzten. Natürlich kam es vor, dass wir nicht einer Meinung waren.«[36]

# Dämonen und Garantien

Bei den acht Treffen von Mitterrand und Kohl in der Zeit von November 1989 bis Mai 1990 blieb der deutsche Kanzler unbeirrt bei seiner Position, die Oder-Neiße-Grenze könne nur von einem vereinten Deutschland beschlossen werden. Mitterrand, Dumas und im Hintergrund Hans-Dietrich Genscher hielten das Thema am Kochen.

Dumas hielt in Absprache mit Genscher am 1. März 1990 in Berlin eine Rede, wo er eine vertragliche Ratifizierung der Grenze forderte. Kohl beschwerte sich murrend bei Mitterrand: »Aber was hat der denn in Berlin zu suchen?« Mitterrand antwortete: »Das, was ich von ihm verlangt habe.«

Und weil die polnische Regierung den französischen Präsidenten in der Frage der Oder-Neiße-Grenze um Unterstützung bat, lud Mitterrand den polnischen Präsidenten General Jaruzelski und Premierminister Tadeusz Mazowiecki am 9. März 1990 nach Paris ein.

Noch am Tag vor dem Besuch der polnischen Führung in Paris ließ der Bundestag in einer rechtlich nicht bindenden Entschließung verlautbaren: »Das polnische Volk soll wissen, daß sein Recht, in sicheren Grenzen zu leben, von uns Deutschen weder jetzt noch in Zukunft durch Gebietsansprüche in Frage gestellt wird.«

Doch in Paris überzeugte diese Absichtserklärung des Bundestags niemanden, solange nicht der Bundeskanzler selbst sie bestätigte. General Jaruzelski und Premierminister Mazowiecki zeigten Mitterrand eine Karte, die die CDU auf ihrem Parteitag in Bremen im September 1989 verteilt hatte, wo unter dem Titel »Was ist Deutschland« stand: »Die Gebiete im Osten sind immer noch integraler Bestandteil des Deutschen Reichs.«[37]

Mitterrand tat das als Wahlpropaganda ab, erklärte aber in der anschließenden Pressekonferenz in Gegenwart der polnischen Gäste, die allgemeine Erklärung des Bundestages reiche nicht. Die Frage der Grenzen müsse *vor* der deutschen Einigung international verbindlich ratifiziert werden.

Mitterrand verkündete schließlich, er habe mit Kohl verabredet, am Samstag, spätestens am Montag mit dem deutschen Bundeskanzler zu telefonieren. Das war am Freitag, dem 9. März. Doch weder am Samstag noch am Montag klingelte das Telefon bei Mitterrand.

Am Dienstag so gegen halb sieben abends rief mich Robert Boulay aus Dumas' Ministerbüro an. Er sagte: »Dumas und Genscher haben eben eine halbe Stunde lang telefoniert. Dann hat Genscher gesagt, ich steige eben mal ins Flugzeug und komme rüber.«

Weder in der Deutschen Botschaft noch in der Presseabteilung des Außenministeriums am Quai d'Orsay wollte man mir den Besuch Genschers bestätigen. So kam ich zu dem Schluss, dass Genscher schon in Paris sein müsse. Sofort fuhr ich mit Kameramann und Toningenieur zum Quai d'Orsay, wo ich im Hof meinem »Spion« Robert Boulay begegnete, der dort mit einem deutschen Diplomaten stand. Um Boulay nicht zu verraten, sagte ich: »Ich habe eben aus Bonn erfahren, dass Genscher hier ist. Wir brauchen für einen *Brennpunkt* morgen Abend einige Bilder von ihrem Treffen.«

Man informierte Genscher, wir durften die beiden im vertrauten Gespräch abfilmen. Sie sprachen ohne Dolmetscher, auf Deutsch. Als das Team abgedreht hatte, machte Genscher eine Handbewegung, deutete auf einen Stuhl und sagte zu mir: »Setzen Sie sich doch.« So wurde ich Zeuge des Gesprächs. Und es verlief hochinteressant. Genscher teilte Dumas mit, er habe Kohl davon überzeugen können, dass Bonn eine Teilnahme des polnischen Außenministers an der Sitzung der Zwei-plus-vier-Gespräche akzeptieren müsse, bei der die Frage der Oder-Neiße-Grenze behandelt würde. Genscher musste sich aber von Dumas sagen lassen, dass Mitterrand der Begriff Zwei-plus-vier nicht behage, es müsse Vier-plus-zwei heißen, um nicht den Eindruck zu erwecken, die Deutschen beanspruchten einen gewissen Vorrang.

Ich war allerdings erstaunt, welche Kraftausdrücke Genscher benutzte. Roland Dumas verriet das in einem Interview mit dem *Journal du Dimanche* lange nach Genschers Tod mit einem ihm entsprechenden ironischen Unterton. Genscher, so Dumas, nannte

Kohl *le con*. Das Arschloch. Stimmt. Ich habe es an jenem Abend selbst gehört. Das Arschloch Kohl!

Aber auch an diesem Dienstag, an dem Genscher bei Dumas saß, rief Kohl nicht bei Mitterrand an, weshalb das Élysée beschloss, den Kanzler mit kleinen Sticheleien zu piesacken.

Und das war einfach: Im Élysée befindet sich ein Aufenthaltsraum für die Presse, wohin sich Fotografen, Kamerateams und Journalisten bei schlechtem oder kaltem Wetter zurückziehen können, bis das geschieht, worauf sie warten: die Ankunft eines Staatsgastes vielleicht oder auch nur das Ende der wöchentlichen Sitzung des Ministerrats. In diesem Raum sitzt auch der im Élysée akkreditierte Vertreter der französischen Nachrichtenagentur *afp*.

Im März 1990 war Jean-Pierre Gallois als *afp*-Korrespondent beim Präsidenten akkreditiert. Gallois war vom Sprecher des Élysée, Hubert Védrine, gesteckt worden, er möge doch in einer Meldung den Unmut des Präsidialamtes – sprich, Mitterrand – über Herrn Kohl in die Welt tragen.

Und wer die Abläufe im Élysée kennt, der weiß, dass Monsieur Védrine dabei keiner spontanen Eingebung folgte, sondern einer Anregung aus der Morgenkonferenz beim Präsidenten. Das muss am Dienstagfrüh gewesen sein, denn in den Zeitungen vom Mittwoch erschien eine *afp*-Meldung mit der Überschrift: »Kohl beunruhigt den Élysée«.

An dem Tag besuchte ich den *afp*-Kollegen Gallois in seinem Büro, und er schilderte mir, was die »französische Seite« gesagt hatte. Das deutsch-französische Verhältnis sei bestens: »Aber was die Franzosen (also: Mitterrand) nicht verstehen, ist, dass Kanzler Kohl anscheinend alles allein machen will, ohne sich zu beraten oder wenigstens uns (also: Mitterrand) zu informieren; obwohl es doch hierbei um Entscheidungen geht, die alle betreffen, Entscheidungen, die auf alle Europäer, sogar den Rest der Welt Auswirkungen haben.«

Offiziell hat Sprecher Védrine natürlich nach Erscheinen der Meldung verlauten lassen, von Verstimmung könne überhaupt keine Rede sein. Der Besuch Genschers bei Dumas am Dienstagabend und die *afp*-Meldung in der Presse am Mittwochmorgen haben dann bewirkt, dass Kohl am Mittwoch bei Mitterrand anrief.

Es kehrte wieder Ruhe in der Beziehung Kohl – Mitterrand ein. Die Grenzfrage wurde vor der Einheit international in den Zwei-plus-vier-Gesprächen[38] abgesegnet und damit die Bedingung »Sicherheit« erfüllt. Und schließlich erklärte Kohl sich auch noch dazu bereit, vor Jahresende 1990 – nach der Bundestagswahl Anfang Dezember – den Maastricht-Prozess beginnen zu lassen, die Einführung des Euro würde das vereinte Deutschland unwiederbringlich an Europa ketten.

Zwei Tage vor dem Inkrafttreten der deutschen Einheit empfing der französische Staatspräsident den Frankreich-Korrespondenten des *ZDF*, Eberhard Piltz, und mich zu einem Gespräch.

All seine geheimen Vorbehalte verschweigend, erklärte er sich zufrieden: »Die Teilung Deutschlands war ein Unfall der Geschichte. Sie entsprach nicht der Wirklichkeit der Geschichte selbst und dem Leben eines Volkes. Deshalb betrachte ich die Einigung als normal. Sie folgt der Entwicklung der Zeit. Und ich ziehe daraus den Schluss, dass sie nur möglich war, weil demokratisch, friedlich und die Interessen der Nachbarn berücksichtigend. Diese Bedingungen sind vollkommen erfüllt, und zwar in einer Rekordzeit – und das ist gut so.«

Der Verlauf des Einheitsprozesses hat den französischen Präsidenten und den deutschen Bundeskanzler schließlich trotz aller Streitereien nicht nur politisch, sondern auch persönlich nähergebracht. Als Mitterrand starb, saß Kohl im Gedenkgottesdienst in Notre-Dame in der ersten Reihe und die Kamera fing eine Träne ein, die über seine Wange lief.

Wenn sich auch fast sechzig Prozent der Franzosen[39] über die Deutsche Einheit freuten, schürte die Presse immer wieder die Angst aller politischen Lager vor einem zu starken Deutschland, das Europa beherrschen wolle. Als es 1992 um die Abstimmung ging, ob die Franzosen den Euro übernehmen wollen, überschlugen sich Journalisten und Intellektuelle in Warnungen vor Deutschland.

Der Schriftsteller Alain Finkielkraut schrieb in der linksliberalen *Libération*[40]: »Alle Welt hat Angst vor Deutschland. Die einen behaupten, das Europa von Maastricht sei das germanische Europa; die anderen, wenn man die deutsche Macht wirklich kontrollieren, festzurren und verwestlichen wolle, müsse man dem Vertrag der Europäischen Union zustimmen. Und niemand kommt auf die Idee, dass es gute Gründe gibt, heutzutage vor Frankreich auf der Hut zu sein. Nur Deutschland ist in den Augen der Franzosen beunruhigend, nur Deutschland verfügt über böse Dämonen.«

Die antideutschen Argumente bleiben nicht unwidersprochen. Zwei Tage vor der Abstimmung schreibt der Chefredakteur von *Libération* Serge July sehr ironisch: »Diese Dämonen haben per Briefwahl abgestimmt: Bismarck und Hitler, die Pickelhauben, die *boches* und die rasierten Glatzköpfe wurden herbeigerufen, um auf dem Feld der Erinnerung zu kämpfen. Ungeschminkt gesagt, die Deutschen sind Kranke, die außerhalb der Gemeinschaft und besonders der deutsch-französischen Vertrautheit dazu verdammt sind, ihre Macht grausam zu missbrauchen ... Diese Überlegungen von Gefängniswärtern könnten den Deutschen schon Angst machen, was natürlich nicht die Wirkung verfehlt hat, den urwüchsigsten der französischen Nationalismen zu erwecken, der davon ausgeht, dass die *identité française* – die französische Identität – sich immer an einer ordentlichen Prise Anti-Germanismus labt.«[41]

Dieser Gedanke ist nicht neu. Schon 1931 schrieb der Intellektuelle und sozialistische Politiker Pierre Viénot, der sich für die Aussöhnung zwischen Frankreich und Deutschland einsetzte: »Unser Verhalten zu Deutschland zu bestimmen heißt, in erster Linie das Bild zu bestimmen, das wir uns von Frankreich machen.«[42]

# Erkenne dich selbst

Freundschaft gründet nicht nur auf Vertrauen, sondern auch auf Verstehen. Verstehen bedingt die
Kenntnis der Identität des anderen. Das aber setzt
voraus, dass man seine eigene Identität kennt und
akzeptiert.

In diesem Sinne sehr deutsch denkend rief mich,
als ich in Paris Korrespondent war, einige Tage vor
dem 14. Juli, dem Nationalfeiertag Frankreichs, ein
Planungsredakteur der *Tagesthemen* an. An diesem
Festtag findet die traditionelle Militärparade auf
der Avenue des Champs-Élysées statt. Der Redak-
teur aus Hamburg schlug vor, ich möge einen kritischen Bericht über den französischen Militarismus
machen, denn nirgendwo in der Welt – außer in
Moskau oder Peking – fänden heute noch solche
»unsäglichen« Militärparaden statt wie am 14. Juli
in Paris.

Ich antwortete: »Ich mache gern einen Bericht
zur Parade des 14. Juli, wo Frankreich Freiheit,
Gleichheit, Brüderlichkeit feiert, aber dann fange
ich am besten mit der Kanonade von Valmy an.«

»Valmy? Was ist das?«

»Sie kennen doch sicher Goethes Satz aus seinem

Bericht über die Kampagne in Frankreich: ›Von hier und heute geht eine neue Epoche der Weltgeschichte aus, und ihr könnt sagen, ihr seid dabei gewesen.‹«

Nein, er wusste nicht, dass hier die Freiwilligen des französischen Revolutionsheers die Söldnerarmee der deutschen Fürsten geschlagen haben.

Am 14. Juli feiern die Franzosen die Revolution und deren Armee, die diese Freiheit erkämpft haben. Der französische Marschall Ferdinand Foch prägte den Satz zu Valmy: »Die Kriege der Könige waren damit zu Ende gegangen, die Kriege der Völker begannen.« Damit wollte er ausdrücken, dass die Kriege nicht mehr den Machtgelüsten der Monarchen dienten, sondern der Verteidigung der Demokratie durch das Volk.

Zur französischen Identität gehört der Stolz auf die eigene Geschichte, dagegen ist Teil der deutschen Identität eine große Abneigung gegen die deutsche Geschichte und alles Militärische. Das ist eine Folge des Nationalsozialismus und des von den Deutschen entfachten Zweiten Weltkriegs, was sich erst ein wenig mit der von Bundeskanzler Olaf Scholz verkündeten Zeitenwende ändern wird. Die Bedeutung einer Armee zur Verteidigung gegen Russland wird in der Bevölkerung plötzlich positiver aufgenommen, aber unterscheidet sich immer noch sehr von der französischen Identität, die es gewohnt ist, ihre Truppen aus außenpolitischen Gründen in fernen Ländern einzusetzen. Weshalb Präsident Emmanuel Macron nicht vor der Androhung zurückschreckt, auch Europa möge Soldaten in die Ukraine zu schicken. Wogegen der deutsche Bundeskanzler heftig protestierte.

Gerade in dieser unterschiedlichen Definition von nationaler Identität liegt ein deutsch-französisches Missverständnis.

Mitte der 1980er-Jahre veröffentlichte der französische Historiker Fernand Braudel sein dreibändiges Alterswerk: *L'identité de la France*. Ich habe daraus viel über Frankreich gelernt. Braudel entwirft ein bodenständiges Gemälde und versteht unter der Identität Frankreichs einen »Akt des Sich-selbst-an-die-Hand-Nehmens, das lebendige Resultat alles dessen, was die unbeendbare Vergangenheit in aufeinanderfolgenden Schichten geduldig deponiert hat – ganz so, wie die kaum wahrnehmbaren Ablagerungen des Meeres mit der Zeit die mächtigen Aufwerfungen der Erdkruste gebildet haben.«[43]

Am Tag der Deutschen Einheit 1994 sagte jedoch der damalige Bundespräsident Roman Herzog, er habe noch niemanden gefunden, »der mir erklären könnte, was ›nationale Identität‹ eigentlich ist – ›nationale Identität‹, die uns angeblich fehlt und die wir angeblich dringend benötigen«. Wer hat nun recht?

Zur Identität gehören die Sprache, die Gefühle, die Kultur, besonders aber auch die Geschichte. Zur deutschen Geschichte gehören das Dritte Reich, seine Konzentrationslager, Gaskammern und die systematische Vernichtung von Millionen von Menschen. Niemand möchte diese Gräuel in seiner Identität wiederfinden. Und da scheint es am einfachsten, die Existenz einer nationalen Identität kurzerhand zu leugnen. So denken viele Intellektuelle auch heute noch in Deutschland. Leider.

Die Deutschen müssen jedoch lernen, mit dieser Geschichte umzugehen. Vielleicht hilft ihnen der Satz von Charles de Montesquieu: »Ich bin aus Notwendigkeit Mensch und aus Zufall Franzose.« Damit trennt der Staatsphilosoph das Menschsein von der politischen Identität jeder Person.

Eines der eklatantesten Beispiele für die gegensätzliche Wirkung von unterschiedlichen (nationalen) Identitäten ist die jeweilige Einordnung von Atomenergie, die seit Jahrzehnten zu heftigen politischen Auseinandersetzungen zwischen Frankreich und Deutschland führt.

Als die Europäische Union darüber diskutierte, ob Atomenergie als »grüne« Energie bezeichnet werden kann – und damit besonderer Förderung bedarf –, kam es zwischen französischer und deutscher Regierung zu heftigen Auseinandersetzungen.

Deutschland hatte gerade die letzten Atomkraftwerke geschlossen und die Mehrheit der Bevölkerung befürwortete diese Entscheidung. Frankreich hingegen plante den Bau von 14 modernen Atomkraftwerken. Und die große Mehrheit der Franzosen stimmte dem zu. Die Basis der Auseinandersetzung liegt in der unterschiedlich geprägten Identität – wenn es um die Natur geht.

Im August 2023 erhielt ich aus der Bretagne die Einladung zur zehnten *randonnée pédestre et littéraire*, zu einem literarischen Fußmarsch, der am Sonntag, dem 27. August, um Viertel vor zehn vor dem Rathaus von Plogoff beginnen würde.

Geschmückt war die Einladung mit einem großen Foto, das vor dem Brandenburger Tor aufgenommen worden war: Ein großes gelbes Monster liegt tot auf seinem Rücken, auf seinem Leib steht »Deutsche Atomkraft – Besiegt am 15. April 2023«. Auf dem Bauch strahlt eine begeisterte rosa Figur mit Schwert und Schild, das auf Deutsch die Aufschrift »Atomkraft? Nein danke« trägt.

Schon fünf Jahre zuvor hatte mich die bretonische *Association Memor Stourm Plougon* – was auf Deutsch »Plogoff. Erinnerung an einen Kampf« heißt – zu solch einem Treffen eingeladen. Ein wenig mehr als vierzig Leute waren gekommen, wie ich später erfuhr. Der Einladende hatte einen Artikel aus dem Magazin *Ouest-France* vom Februar 1980 angehängt, in dem geschildert wurde, dass ich als *ARD*-Korrespondent in Frankreich für den *Weltspiegel* einen Bericht über den Kampf der Leute von Plogoff gegen den Bau eines Atomkraftwerkes drehte. Und zusätzlich hing dem Schreiben ein Foto aus dem Februar 1980 an, wo fünf Polizisten in Kampfmontur mit Helmen und Schlagstöcken sich hinter mir und dem Team an einer Hecke verstecken. Bereit zum Einsatz gegen demonstrierende Bürger.

In der Bretagne schien man sich an diesen Dreh zu erinnern, denn als der Moderator Hubert Coudurier des bretonischen TV-Senders *Le Télégramme* mich 2020 zu Beginn der Coronakrise per Videoschalte interviewte, wurde eingeblendet, ich hätte seinerzeit über den historischen Kampf von Plogoff berichtet – vierzig Jahre zuvor!

In dem kleinen bretonischen Fischerdorf Plogoff

wurde in den Jahren vor 1980 der Bau eines Atomkraftwerks geplant. Die Bevölkerung protestierte mit aller Macht, es kam zu allabendlichen Schlachten zwischen Polizisten und Dorfbevölkerung, Steinwürfe gegen Tränengasgranaten. Als ich mit meinem Kamerateam kam, wurden wir zunächst feindlich empfangen. Doch das änderte sich sofort, als mein Freund, der französische Dokumentarfilmer Félix Le Garrec, sich für uns verbürgte, denn wir kämen ja nicht vom staatlichen französischen, sondern vom freien deutschen Fernsehen. Während in Frankreich die Presse den Kampf der Bürger von Plogoff totschwieg, würden die Informationen von Deutschland aus auch zu den Franzosen gelangen. Da wurden wir herzlich aufgenommen.

Das Widerstandskomitee bestand nur aus Frauen, darunter Annie Carval, Mutter von zwei Kindern, verheiratet mit einem Seemann. »Die Männer fahren zur See«, erklärte sie mir während der Dreharbeiten. »Also sind sie die meiste Zeit abwesend. Deshalb bestimmen die Frauen über die Familien und üben alle wichtigen Rollen in der Gemeinschaft aus. Nur der Bürgermeister ist immer ein Mann, meist ein Rentner.«[44]

Der Grund für ihren Protest war damals nicht die Angst vor dem Atom, sondern die Zerstörung der Dorfgemeinschaft: »Wenn in einem Ort wie Plogoff mit seinen 2000 Bewohnern für die nächsten 12 Jahre 8000 Arbeiter kommen, Kerle, dann wird unser altes Sozialgefüge zerstört«, meinte Annie Carval. »Unsere Männer sind 6 Monate im Jahr auf dem Wasser. Das kann doch nur zu einem Chaos zwischen den Frauen des Dorfes und den Arbeitern führen.«

Alle politischen Instanzen hatten sich für den Bau des Kernkraftwerks in Plogoff entschieden. Aber der französische Staat hat auch Sinn für Protest. Bei der Präsidentschaftswahl 1981 – Giscard gegen Mitterrand – versprach Mitterrand einen Monat vor dem ersten Wahlgang, er werde den Bau absagen. Einmal zum Präsidenten gewählt, hielt er Wort. Deshalb feiern die stolzen Bürger von Plogoff bis heute ihren Sieg mit der *randonnée pédestre et littéraire*, zu der im August 2023 auch Delegationen aus Japan, Deutschland und Wales eingeladen wurden. Ohne große Proteste wurden zahlreiche Atomkraftwerke an vielen anderen Orten errichtet.

Das Wort Atom klingt in Frankreich noch immer wohltuend. Das Atom hat diesem Land nur Gutes gebracht. Die Nobelpreise für die französischen Forscher Pierre und Marie Curie und Henri Becquerel werden als nationaler Erfolg gefeiert. Becquerel, ein Wort, das Deutschen Angst einflößt, ist für die Franzosen ein großer Mann – wie auch seine Forschung.

Schließlich hat das Atom Frankreich wieder zu einer großen Nation gemacht. Nach deutscher Besatzung im Zweiten Weltkrieg und dann verloren gegangenen Kolonialkriegen in Indochina und Algerien gab General de Gaulle als Staatspräsident der französischen Nation ein neues Gewicht mit seiner Entscheidung, aus der NATO auszutreten und eine eigene Atomstreitmacht aufzubauen. Zu dieser Atommacht bekennen sich alle französischen Politiker – egal welcher Couleur. Denn sie garantiert, dass Frankreich als Nation eine selbstständige Rolle in der Weltpolitik beanspruchen kann.

Das Atom ist aber auch auf dem zivilen Sektor nach Ansicht der Franzosen ein Segen. Nach dem Ölschock in den 1970er-Jahren beschloss die zentrale Regierung in Paris ein großes Atomenergieprogramm und setzte es alsbald um. 2022 lieferten die französischen Atomkraftwerke zweiundsechzig Prozent der Stromenergie des Landes.

Die Franzosen verstehen deshalb nicht, dass die Deutschen, die Atomstrom aus Frankreich importieren, noch ein Drittel ihrer Energie mit Kohle erzeugen, obwohl die doch sehr viel schädlicher für die Umwelt ist als »saubere« Atomenergie.

Das Umweltbewusstsein eines Volkes wächst aus seinem Naturverständnis heraus. Der Begriff »Natur« ist eng verbunden mit der Geschichte eines Landes. Doch dieser Begriff »Natur« ist kein absoluter Wert, der für sich steht, sondern er wird vom Verhalten des Menschen zu den jeweiligen Gegebenheiten bestimmt. Das Verständnis von Natur hat sich im Lauf der Jahrhunderte immer wieder gewandelt und bedeutet in der deutschen Kultur etwas anderes als in der französischen.

Immer wieder habe ich aus Paris in verschiedenen Sendungen über das Naturverständnis der Franzosen berichtet. Für den *Weltspiegel* interviewte ich Mitte der 1980er-Jahre den damaligen Ökologisten-Chef Brice Lalonde, der später Umweltminister wurde. Als ich ihn zum Waldsterben befragte, meinte Lalonde: »Frankreich liebt den Wald nicht so recht. Die Franzosen haben den Wald immer gerodet, um Ackerland zu erhalten. Dem Wald ziehen sie extrem gestaltete Landschaften vor. Der Franzose liebt die Natur nicht, das entspricht nicht seinem Temperament. Die Franzosen werden erst dann angerührt sein, wenn der Obstbaum im Garten, den man zur Geburt des Babys gepflanzt hat, angefressen wird. Dann erst ist der Franzose getroffen.« Denn im gezüchteten Obstbaum hat der Mensch der Natur seinen Willen und seine Gestaltungskraft aufgezwungen.

Auf einen dieser Berichte hin meldete sich bei mir Albrecht Müller, einst Planungschef im Kanzleramt von Willy Brandt und Helmut Schmidt, woher wir uns gut kannten. Inzwischen war er SPD-Abgeordneter im Wahlkreis Südpfalz. Er wusste, dass ich alle paar Wochen beim *SWF* in Baden-Baden die Talkshow *Europalaver* moderierte, und fragte, ob ich bei einem meiner nächsten Besuche nicht vor der SPD in seinem Wahlkreis, der ja an der Grenze zu Frankreich liege, einen Vortrag zu ebendiesem Thema »Die Franzosen und die Natur« halten könnte. Ich sagte zu, aber ahnte nicht, worauf ich mich da einließ.

In meinen Vortrag vor dem SPD-Verein im Wahlkreis Südpfalz erläuterte ich, dass die in Frankreich schon früh gegenwärtige katholische Kirche den Gedanken prägte, dass die Natur dem Menschen untertan sei. Denn es galt, nichtchristlichen heidnischen Glauben zu bekämpfen, dessen Götter sich in der Natur befanden.

Descartes meinte spöttisch, der Mensch dürfe die Natur als Spielzeug benutzen, und genau das taten die Franzosen. Wer sich französische Schlossgärten anschaut, der sieht in Form geschnittene Bäume und Büsche, Zirkel, Kreise, grafisch angelegte Quadrate aus Naturelementen wie Blumen und Sträuchern.

Für die Natur ist in Frankreich Gott verantwortlich, während in Deutschland der Protestantismus aus Kritik am katholischen Glauben ursprünglich die Natur verachtet, später aber den Menschen für den Zustand seiner Natur verantwortlich macht. Der von der katholischen Religion geprägte Naturbegriff hat in Frankreichs Literatur und Malerei eine andere Darstellung von Natur entstehen lassen als bei den Deutschen.

Die Werke der großen Dichter Frankreichs, die auch heute noch die Erziehung bestimmen – Corneille, Racine und Molière –, sind naturfern und stellen ausschließlich die Gestaltung des Menschen und seines Schicksals in den Mittelpunkt. Zwar predigt Jean-Jacques Rousseau im 18. Jahrhundert das Naturgefühl, aber er bleibt eine Einzelerscheinung. Sehr viel stärker wirkt Voltaire, der die Vernunft vor die Natur stellt. Man findet auch in der französischen Malerei über die Jahrhunderte große Landschaftsbilder, doch eine Landschaft gilt erst dann als schön, wenn man in ihr städtebauliche Elemente entdeckt.

Der Wald spielt sogar eine unterschiedliche Rolle, je nachdem, ob er in einem deutschen oder einem französischen Märchen vorkommt. Der »deutsche« Wald in den Märchen der Brüder Grimm ist häufig ein wilder, dunkler Ort, in dem Dämonen, Hexen,

Riesen und Zwerge ihr Unheil treiben. Im Vergleich dazu ist der »französische« Märchenwald »in jeder Hinsicht zivilisierter«[45] als der deutsche. Die französischen Märchen spielen in einer »heiteren, bebauten Diesseitslandschaft« gegenüber dem »öden« und »düsteren« Wohnbereich deutscher Märchendämonen. Nirgendwo in den Märchen der Welt hat der Wald die beängstigende Bedeutung, die der »deutsche« Wald hat. Das bedingt die besondere Haltung des Deutschen zum Wald.

Offenbar hatten meine Zuhörer beim SPD-Verein in der Südpfalz meine Schilderung über die Stellung der Franzosen zur Natur nicht erwartet; denn in der Diskussion wurde ich heftig angegriffen, meine Zuhörerinnen und Zuhörer waren regelrecht aufgebracht über das, was ich ihnen vorgetragen hatte. Denn sie identifizierten mich mit dem, was ich ihnen als die französische Haltung zur Natur vorgetragen hatte, und meinten, das sei *meine* Definition von Natur, und das wollten sie nun gar nicht akzeptieren. Deshalb sollte ich als der Bote der schlechten Nachricht »gehängt« werden.

Ich versuchte mich zu verteidigen: Sie mögen doch die Prägung der französischen Identität verstehen, die ich versucht hatte, ihnen verständlich zu machen. So tolerant waren sie allerdings an jenem Abend nicht. Diese Erfahrung zeigte mir wieder einmal, wie schwer es dem jeweiligen Nachbarn fällt, sich tolerant mit der Identität des anderen auseinanderzusetzen und sein Denken und Handeln nicht nur zu verstehen, sondern auch zu akzeptieren.

# Denk ich an Deutschland

Das Anderssein des Partners anzunehmen ist die Voraussetzung, wenn Deutschland und Frankreich in Europa gemeinsam vorangehen wollen. Da hakt es ja meistens schnell – vor allem bei Fragen des Geldes. Häufig wird in Europa die Frage diskutiert, ob der Euro zu stark sei. Die Franzosen klagen: Ja, er ist zu stark und schadet unserer Wirtschaft. Deshalb sollten wir den Euro abwerten. Die Deutschen meinen: Nein, er ist so stark, wie der Markt es will. Deshalb sollten wir den Euro nicht anfassen. In ihrer Berichterstattung fallen die Medien der jeweiligen Länder in nationale Reaktionsmuster zurück. Ja, ich will sogar behaupten, in nationalistische, wenn ich Nationalismus definiere als das Bewusstsein, in der eigenen Nation den höchsten Wert zu sehen.

Die Franzosen wollen den Euro abwerten, und das entspricht ihrer Identität. Sie denken dabei – vielleicht ganz unbewusst – an den ehemaligen französischen Finanzminister Jean-Baptiste Colbert. Die Deutschen wollen den Euro dem Markt überlassen. Sie denken – ziemlich bewusst – an den ehemaligen deutschen Wirtschaftsminister Ludwig Erhard. Ludwig Erhards freie Marktwirtschaft führte zum sogenannten Wirtschaftswunder, und erst dieses gefühlte Wunder verleitete die Deutschen dazu, die demokratische Staatsform anzuerkennen.

Hier stehen sich also zwei Denkschulen gegenüber, die sich aus der Geschichte des jeweiligen Landes herleiten. Und das hat nichts – wie in den Medien manchmal oberflächlich geschrieben wird – mit nationalen Fehden zwischen Kanzlern und Präsidenten zu tun. Lange Zeit akzeptierte die deutsche Politik die Aufgabenverteilung in Europa, wonach Frankreich politisch führte und Deutschland zahlte. Deutschland zahlte immer dann, wenn seine Identität nicht erlaubte zu handeln.

Beim ersten Irakkrieg 1991 ging die Regierung Kohl davon aus, eine Militärbeteiligung sei nicht verfassungskonform, die Sowjetunion ratifizierte den Zwei-plus-vier-Vertrag, der Deutschland die volle Souveränität zurückgab, erst Wochen nach Beginn der Kampfhandlungen. Aber Deutschland übernahm mit fast 20 Milliarden D-Mark einen großen Teil der Kosten dieses militärischen Engagements. Mitterrand grummelte ein wenig. Seine Pressesprecherin Muriel de Pierrebourg erzählte mir, er habe geklagt: »L'Allemagne ne peut-être la Suisse – Deutschland kann sich nicht wie die (*neutrale*) Schweiz geben.«

Einige Jahre nach vollzogener Einheit begannen deutsche Politiker dieses Verhalten infrage zu stellen.

Gerhard Schröder war der Erste, der im Wahlkampf 1998 das allgemein vorherrschende Urteil kritisierte, dass Deutschland Milliarden in den europäischen Topf zahlte, um die französische Landwirtschaft zu subventionieren. Das müsse aufhören, so Schröder: »Deutschland wird deutscher.« Für den Satz wurde er selbst in Deutschland heftig kritisiert. Und als ich ihn, als er Kanzler war, einmal fragte, was er damit gemeint habe, korrigierte er sich schnell: »Ich habe, glaube ich, nicht gesagt, ›deutscher werden‹, sondern ›selbstbewusster‹.«

In Frankreich kamen diese Aussagen im Wahlkampf Schröders bei Präsident Jacques Chirac überhaupt nicht gut an. Und als Schröder bald darauf Kanzler war, hatte er damit in Paris einen unwirschen Partner, zumal er auch noch den Fehler beging, parallel zur besonderen deutsch-französischen Freundschaft eine Zweierbeziehung mit Tony Blair und Großbritannien schmieden zu wollen. Was gründlich misslang. Deshalb waren die ersten beiden Jahre der Regierung Schröder von Konflikten im Verhältnis zu Frankreich geprägt.

Im ersten Halbjahr 1999 hatte Deutschland den Vorsitz im Europäischen Rat, weshalb der EU-Gipfel Anfang Juni in Köln stattfand. In Paris hatte man wohl verstanden, was Schröder meinte, wenn er androhte, »Brüssel werde nicht weiter ›das Geld Deutschlands verbraten‹«[46].

Frankreich war der Hauptnutznießer der EU-Agrarpolitik, weshalb der französische Staatspräsident Jacques Chirac den deutschen Bundeskanzler in Köln als Gegner betrachtete. Und – so Schröder später in einem Nachruf auf Chirac – er konnte hart sein, »wenn es um die Interessen der französischen Bauern ging. Seinem Spitznamen ›Le Bulldozer‹ machte er alle Ehre, und es war für mich eine

Herausforderung, dagegenzuhalten. Für mich war es schon ein großer Erfolg, die Agrarausgaben der EU nicht mehr weiter wachsen zu lassen.«[47]

Zu einem fast unlösbaren Streit zwischen Schröder und Chirac kam es schließlich beim EU-Gipfel in Nizza im Dezember 2000. Die künftigen Führungsstrukturen in Europa anlässlich der anstehenden Erweiterung der Union auf fünfundzwanzig Mitglieder sollten verabschiedet werden. Und von der Einstimmigkeit sollte zu Mehrheitsbeschlüssen gewechselt werden. Dafür sollte jedem Mitgliedsland je nach der Bevölkerungszahl eine bestimmte Stimmenzahl zugeordnet werden.

Nun rechnete Bundeskanzler Gerhard Schröder vor, dass die Bevölkerungszahl der Bundesrepublik durch die Einheit so gewachsen war, dass in Deutschland fünfzehn Millionen Menschen mehr als in Frankreich wohnten. Das müsse sich dann auch in der Stimmenzahl niederschlagen. Also mehr Stimmen für Deutschland als für Frankreich.

Für Staatspräsident Jacques Chirac war die Zeit für solch einen Anspruch noch nicht reif. Da der Gipfel in Nizza in die EU-Präsidentschaft Frankreichs fiel, reiste Chirac zur Vorbereitung des Gipfels zu den einzelnen EU-Mitgliedern und erklärte ihnen die Haltung Frankreichs: »Ich bin nicht für eine Sonderbehandlung Deutschlands bei der Stimmengewichtung. Und zwar aus einem Grund: Wir haben viele Kriege gegen Deutschland geführt mit vielen französischen Gefallenen und Toten.«[48] – Das bedeutete: Deutschland dürfe nicht mehr Stimmen erhalten als Frankreich.

Aber Schröder blieb auf dem Gipfel stur bei seiner Rechnung, Chirac bei seiner geschichtlich begründeten Ablehnung. Der Gipfel drohte zu platzen und musste um mehrere Tage und Nächte verlängert werden. Die Streitereien wurden zum Teil lautstark geführt. Aus Chirac brach es plötzlich heraus: »Wir haben nicht umsonst den Zweiten Weltkrieg gewonnen, um jetzt weniger Stimmen zu erhalten als der Verlierer!«

Erst durch die Vermittlung Belgiens einigte sich der Gipfel schließlich: Deutschland würde genauso viele Stimmen wie Frankreich erhalten, aber Schröders Argumentation mit der größeren Bevölkerungszahl führte zu der zusätzlichen Regelung, wonach ein Mehrheitsbeschluss auch mindestens zweiundsechzig Prozent der EU-Bevölkerung vertreten musste. Schröder verließ Nizza, ohne sich vom französischen Präsidenten zu verabschieden. Das wurde im Élysée mit Enttäuschung registriert.

»Dieser Streit hatte aber auch eine positive Konsequenz«, so Schröder, »eine Art reinigende Wirkung.«[49] Offenbar hatte Chirac jetzt Schröder als einen »ebenbürtigen Verhandlungspartner« akzeptiert.

Diese heftige Auseinandersetzung war wohl der Grund, weshalb Chirac seinen Außenminister Hubert Védrine, einst ein enger Berater von François Mitterrand, nachdenklich fragte, weshalb er sich so gut mit dem grünen Außenminister aus Berlin verstehe.

Da ich Védrine noch aus dem Élysée zu Zeiten von Mitterand kannte, als ich in Paris ARD-Fernsehkorrespondent war, hatte ich ihn in meiner Funktion als *secrétaire perpétuel* der *Académie de Berlin* im Früh-jahr 2012 zur *Lecture de l'Académie* in die deutsche Hauptstadt geladen. Dort hatte er nach seiner Rede an einer Diskussion mit dem ehemaligen deutschen Außenminister Joschka Fischer teilgenommen. Auf dem kurzen Fußweg zum *Dîner de l'Académie* beim französischen Botschafter erwähnte Védrine, Chirac habe ihn nach dem Streit in Nizza überrascht nach seiner Beziehung zu Joschka Fischer gefragt.

Védrine antwortete ihm: »Wir sehen uns alle sechs Wochen zum Abendessen. Dann reden wir ohne vorgegebene Tagesordnung über alles.« Da dies eine Tradition war, erfuhr Chirac so auch von Giscards und Schmidts Treffen in Blaesheim. Das könnte er auch tun, überlegte sich Jacques Chirac und lud Schröder anderthalb Monate nach Nizza zur Aus-söhnung zu einem persönlichen Abendessen ein, und zwar ganz bewusst im elsässischen Ort Blaes-heim in das Restaurant *Au Boeuf*. Eben in jenen Ort, der durch Giscard und Schmidt zu einem Symbol für die enge deutsch-französische Freundschaft gewor-den war.

Hervorragendes Essen im *Au Boeuf*, guter Wein: Das Rezept wirkte. Ein erster Funke sprang über. Die Tradition des »Blaesheim-Formats« war wieder-belebt und wurde auch in Berlin fortgesetzt – etwa im Berliner Restaurant *Zur letzten Instanz*, wo Chirac sein Lieblingsgericht bestellte – Eisbein. Dort bespra-chen sie ihr Nein zum Irak-Krieg.

Je häufiger Chirac und Schröder sich im Blaes-heim-Format trafen, desto enger und freundschaft-licher wurde ihre Beziehung. Die Verbindung hielt auch, nachdem Schröder aus dem Amt geschieden war. Einige Monate nach seinem Ausscheiden aus dem Kanzleramt lud Chirac Schröder mitsamt seiner Familie nach Paris zum Mittagessen in den Élysée-Palast ein.

»Gelegentlich klingelte bei uns in Hannover das Telefon«, so schildert es Schröder, »und dann telefonierte Jacques mit der ganzen Familie und mir.« Vor allem sprach »Jacques« mit Schröders russischer Adoptivtochter Viktoria, die aber kein Französisch verstand. So konnten die beiden sich »zwar hören, aber nicht verstehen, was ihrem Verhältnis aber keinen Abbruch«[50] tat.

Offensichtlich hat auch Bernadette Chirac Schröder geholfen, den Zugang zu ihrem Mann zu finden. Schröder nannte es ein Vergnügen, mit dieser interessanten und klugen Frau zu reden. Und sie konnte auch sehr humorvoll sein, wie ich miterlebte.

Beim Staatsbesuch von Jacques Chirac in Berlin hatte Schröder mich zum Mittagessen eingeladen und direkt neben der rechts von ihm sitzenden Bernadette Chirac platziert. Ich könne schließlich Französisch und Madame Chirac gut unterhalten. Nachdem sie erfahren hatte, dass ich die *Tagesthemen* moderierte, fragte sie, ob ich sie dort interviewen könnte. Ich fragte den uns gegenübersitzenden Präsidenten, ob er das erlauben würde. Er fragte seine Frau, die er siezte: »Und was wollen Sie dort sagen?«

»Dass Ihre Idee, die Amtszeit des Präsidenten von sieben auf fünf Jahre zu verkürzen, Quatsch ist.«

»Und was wollen Sie?«

»Sechs Jahre!«

Großes Gelächter.

Gut, es wurde nichts aus dem *Tagesthemen*-Auftritt. Aber Bernadette Chirac fragte mich, wie viele eigene Kinder Schröder habe.

»Keines«, antwortete ich ihr.

»Aber ich habe doch ganz viele Fotos von ihm mit Kindern gesehen!«, sagte Madame Chirac.

»Ja, das waren immer die Kinder, die seine Frauen jeweils von anderen Männern hatten, bevor er sie geheiratet hat«, übertrieb ich ein wenig.

»Dann muss er kurz vor der nächsten Wahl ein Baby bekommen«, sagte Madame Chirac, »und er wird gewinnen.«

»Das müssen Sie ihm sagen«, schlug ich vor.

»Nein, das kann ich nicht.«

Ich beugte mich vor und sagte: »Herr Bundeskanzler, Madame Chirac hat einen politischen Vorschlag, der Ihre Wiederwahl garantiert.«

Schröder neigte sich ihr freundlich zu. Sie machte den Vorschlag.

Da sagte Schröder: »Ach, wissen Sie, Madame, ich komme nicht dazu. Ich bin so viel auf Reisen.«

»Dafür braucht man nicht viel Zeit«, antwortete Bernadette Chirac kurz und trocken.

»Ich werde Sie als Erste anrufen«, meinte Schröder lachend, »wenn es so weit ist.«

# Eine neue Generation

Schröder war der erste Kanzler der Bundesrepublik, der den Zweiten Weltkrieg nicht persönlich miterlebt hatte. Sein Vorgänger Helmut Kohl war mit 14 noch zum Flakhelfer ausgebildet worden und hatte seinen Bruder verloren. Schröder hatte seinen Vater nie kennengelernt, da er wenige Monate nach seiner Geburt in Rumänien gefallen war. So war ihm diese deutsche Vergangenheit besonders bewusst, und in Paris befürwortete er »einen bescheidenen Auftritt, alles andere wäre nach den Erfahrungen mit den Machthabern der Nazizeit unangemessen. Ich habe immer gesagt: Wir fahren nicht vor, wir kommen. Und so wollte ich den Auftritt meiner Regierung von innen wie von außen wahrgenommen wissen.«[51]

Zum 40. Jahrestag der Unterzeichnung des Élysée-Vertrages 2003 erklärten Chirac und Schröder den 22. Januar zum »Deutsch-Französischen Tag«. Und aus diesem Anlass hatten die *ARD* und das französische Fernsehen *France 2* beschlossen, am Abend dieses Tages ein gemeinsames Fernsehinterview zu senden. Für *France 2* würde Olivier Mazerolle die Fragen stellen, und für die *ARD* fuhr ich nach Paris.

Am Tag vor der Aufnahme traf ich mich mit Maze-rolle, den ich gut kannte, in seinem Büro, um das Gespräch vorzubereiten.

Ich sagte: »Wir müssen natürlich auch den heftigen Streit beim Gipfel in Nizza ansprechen.«

»Bloß das nicht! Da ist Chirac ganz sensibel«, antwortete Mazerolle.

Ich beharrte auf dieser Frage, schließlich meinte mein französischer Kollege: »Gut, aber dann stellst du ihm die Fragen dazu. Mich hat er letztens fertig-gemacht und angebrüllt.«

Im Gespräch wiegelte Chirac bei der Frage schließ-lich ab, und Schröder hielt sich vornehm zurück. Die beiden vertrauten sich am Ende so gut, dass Schrö-der, der wegen einer Abstimmung im Bundestag im Jahr 2003 Berlin nicht verlassen konnte, den fran-zösischen Präsidenten sogar bat, ihn beim EU-Gipfel zu vertreten und für Deutschland zu stimmen.

Als am 6. Juni 2004 die Feierlichkeiten zur 60-jäh-rigen Wiederkehr der alliierten Landung in der Nor-mandie, die das Ende des Zweiten Weltkriegs einläu-tete, in Caen stattfanden, lud Chirac den deutschen Bundeskanzler ein, was Kohl noch versagt worden war.

In Frankreich wird an drei Tagen an die vergange-nen Kriege mit Deutschland erinnert. Am 11. Novem-ber wurde der Waffenstillstand mit Deutschland im Ersten Weltkrieg unterzeichnet, und am 8. Mai im Zweiten Weltkrieg – beides sind staatliche Feiertage – und am 6. Juni wird der D-Day begangen, ein Feier-tag ist er allerdings nur in der Normandie.

Schröder war Ende Oktober 1998 im Bundestag

zum Kanzler gewählt worden. Am 11. November 1998 wurde der 80. Jahrestag des Endes des Ersten Weltkriegs begangen, und Chirac hatte Schröder dazu nach Paris eingeladen. Der hatte jedoch sofort abgesagt. Deutschland war noch nicht so weit.

2004 sah Schröder es anders. Für den deutschen Bundeskanzler war die Einladung das Zeichen, dass damit »erst wirklich das Ende der Nachkriegszeit gekommen« war. Beide hielten eine kurze Rede. Schröder hatte lange über seine Worte nachgedacht: »Niemand wird die furchtbare Geschichte der Hitlerherrschaft vergessen. Meine Generation ist in ihrem Schatten aufgewachsen: Das Grab meines Vaters, eines Soldaten, der in Rumänien fiel, hat meine Familie erst vor vier Jahren gefunden. Ich habe meinen Vater nie kennenlernen dürfen.«[52] Dann umarmten sich beide. Es war die bisher letzte Freundschaft zwischen großen Politikern beider Länder.

Das deutsch-französische Einvernehmen hängt nun nicht allein vom Grad der Freundschaft der führenden Politiker beider Länder ab. Denn in den mehr als sechzig Jahren seit der Unterzeichnung des Élysée-Vertrages hat sich die Beziehung beider Länder in vielen kleinen und großen Initiativen verfestigt.

Umfragen zum 60. Jahrestag des Élysée-Vertrages 2023 zeigten, dass zwei Drittel der Bevölkerung beider Länder eine enge Zusammenarbeit von Deutschland und Frankreich für wichtig, wenn nicht gar für sehr wichtig erachten.[53] Aber je besser sich die politischen Entscheider beider Länder verstehen, desto leichter fällt es, Gemeinsames zu beschließen.

1987 gründeten Kohl und Mitterrand die Deutsch-Französische Brigade, die mit ihren 6000 Soldaten teils in Nordfrankreich, teils in Süddeutschland stationiert wurde. Dabei stellten sich schnell Probleme heraus, die sich aus ganz alltäglichen Gewohnheiten ergaben. Ein deutscher Offizier erzählte mir, dass es bei den kleinsten Beschaffungen schon Konflikte gebe – etwa wenn es um die Qualität von Toilettenpapier gehe. Schwieriger zu lösen waren aber die unterschiedlichen Messen, wie Kantinen beim Militär für die oberen Dienstgrade heißen. Kurz gesagt: Die französischen Offiziere hatte viel bessere Köche!

Den deutsch-französischen Fernsehsender *ARTE*, gegründet 1991, haben wir inzwischen als eine Normalität in unser Leben aufgenommen. Ich selbst habe dort mehrmals an Wahlabenden in Frankreich kommentiert, für eine Dokumentation über Schulbesuche in Frankreich und Deutschland filmte mich ein *ARTE*-Team in meiner alten Schule *La Source* in Meudon, dem Vorort von Paris, wo wir damals wohnten. Ein Filmporträt von mir als journalistischem Mittler zwischen beiden Ländern wurde in Deutsch für das deutsche und auf Französisch für das französische Publikum gesendet.

Zwar nimmt die Zahl der Schüler ab, die jeweils die Sprache des anderen Landes erlernen, aber es bestehen doch 4300 Schulpartnerschaften, 300 deutsch-französische Vereinigungen kümmern sich um gute Beziehungen. Jährlich wird der deutsch-französische Journalistenpreis verliehen, alle zwei Jahre der deutsch-französische Parlamentspreis,

und mehr als 2000 Gemeinden sind partnerschaft-
lich verbunden.

Solche manchmal auch in Deutschland mit dem
französischen Wort »Jumelage« – von *jumeau*, auf
Deutsch »Zwilling« – bezeichnete Städtepartnerschaften leben auf und schwächeln mit der Zeit.
Aber immer wieder finden sich Deutsche, die versuchen, sie wiederzubeleben.

So ist die Stadt Hechingen, südlich von Tübin-
gen gelegen, seit mehr als einem halben Jahrhundert mit dem französischen Ort Joué-lès-Tours verbunden. Hechingen zählt etwa 20 000 Einwohner,
Joué-lès-Tours ein Drittel mehr. Der baden-würt-
tembergische Ort mag als Beispiel für den Verlauf
solcher Jumelages dienen. Der Austausch nahm
mit den Jahrzehnten ab, das aktive Interesse der
Jugend aneinander schrumpfte. Doch der *Schwarz-
wälder Bote* meldete im Herbst 2023: »Die Städte-
partnerschaft von Hechingen mit Joé-lès-Tours ist
nach einer Schwächephase des Partnerschaftskomi-
tees derzeit eher wieder im Aufwind, wie Aktivitä-
ten der Schulen beweisen.«

Befeuert durch das Engagement eines örtli-
chen Geschäftsmannes, Michael Hakenmüller, fanden unter dem Titel »Vive les Compagnons« allein
2023 ein Dutzend Veranstaltungen statt, die sich
der deutsch-französischen Freundschaft widmeten.
Michael Hakenmüller hatte sich daran erinnert, dass
ich als Korrespondent in Frankreich einen Film über
die französische Bourgeoisie gedreht hatte. Er führte
ihn an einem Abend den Bürgern von Hechingen
vor, denn meine Dokumentation spielte in Tours,

dem historischen Herz der französischen Bourgeoisie. Tours liegt nur wenige Kilometer von Hechin-
gens Partnerstadt entfernt. Die Freundschaft lebt
vom Engagement des Einzelnen.

An den Programmen des Deutsch-Französischen
Jugendwerks haben inzwischen mehr als acht Millionen junge Menschen teilgenommen. Und seit
2020 verfügt das Jugendwerk über einen Bürgerfonds mit einem Jahresbudget von 2,5 Millionen
Euro, um Gruppenaustausch- oder Individualpro-
jekte finanzieren zu können, Vorhaben, die die
deutsch-französische Freundschaft in der Breite der
Bevölkerung erlebbar machen.

1997 wird die Deutsch-Französische Hochschule
als Initiative begründet. Im Mai 2000 eröffneten
der französische Kulturminister Jack Lang und die
deutsche Bildungsministerin Edelgard Bulmahn in
Saarbrücken diese »Hochschule ohne Mauern«. Bei
diesem Modellprojekt absolvieren deutsche und
französische Studierende integrierte Studiengänge,
die in fast allen Disziplinen in einem Netzwerk aus
mehr als 200 Universitäten, Fachhochschulen und
*Grandes Écoles* in mehr als 100 deutschen und französischen Städten angeboten werden. Mehr als 6000
Studierende und Doktoranden nehmen daran teil.

# Dialog der Kulturen

Im Jahr 2006 wurde die *Académie de Berlin* ins Leben gerufen, die es sich zur Aufgabe gestellt hat, den Kulturaustausch zwischen Frankreich und Deutschland zu pflegen und zu beleben. Daran war ich beteiligt. Und das kam so: Jacques Chirac hatte 1999 mit Claude Martin einen besonders geeigneten Diplomaten zum französischen Botschafter nach Berlin entsandt.

1944 geboren, traf Claude Martin zufällig im Alter von etwa zehn Jahren einen französischen Franziskanerpater, der als deutscher Kriegsgefangener in Dachau und nach mehreren Fluchtversuchen in Rawa-Ruska, einem besonders strengen Straflager der Nazis auf dem Gebiet der heutigen Ukraine, interniert war.

Der Pater, inzwischen Lehrer, erklärte dem jungen Claude, dass man unterscheiden müsse zwischen Deutschen und Nazis, und weckte sein Interesse für die deutsche Sprache und Kultur so intensiv, dass der junge Schüler seinen Eltern vorschlug, die nächsten Schuljahre in dem fast klösterlich-strengen *Collège Saint-François*, in dem der Pater unterrichtete, zu verbringen. Er war ein brillanter

Schüler, der scheinbar ohne Mühe die deutsche Sprache mit Begeisterung perfekt lernte, früh mit dem Rad nach Deutschland fuhr, um auch die Kultur kennenzulernen, und sich mit gleichaltrigen Deutschen anfreundete, wie er in seinen Memoiren *Quand je pense à l'Allemagne, la nuit* – »Denk ich an Deutschland in der Nacht«[54] ausführlich schilderte.

Nach Abschluss der Ausbildung in der Elitehochschule ENA meldete sich Claude Martin beim *Quai d'Orsay*, dem französischen Außenministerium, und erklärte sein besonderes Interesse für Deutschland. Martin machte schnell Karriere und äußerte schließlich den Wunsch, erster Botschafter Frankreichs in Deutschland zu dem Zeitpunkt zu werden, wenn die Bundesregierung vom Provisorium Bonn in die Hauptstadt Berlin umziehe.

Staatspräsident Jacques Chirac, der Claude Martin sehr schätzte, erfüllte ihm den Traum, warnte ihn jedoch: »Vous savez, les Allemands, en ce moment ils ne sont pas facile. – Wissen Sie, die Deutschen sind im Augenblick schwierig.«[55] Es war noch zu der Zeit, in der sich Chirac mit Schröder stritt.

Die Reaktionen auf Martins Ernennung waren im politischen Bereich erstaunlich zurückhaltend. Der damalige Präsident des Senats, Christian Poncelet, ein alter Gaullist, hatte gehört, er solle zur Einweihung des neuen Reichstags eingeladen werden. Grob knurrte er Martin an: »Ich werde nie meine Füße in die Hauptstadt des Reichs setzen.«[56]

Dagegen jubelten die Intellektuellen, Schriftsteller, Künstler unter seinen Freunden, die von der

Dynamik der neuen deutschen Hauptstadt begeistert waren.

Und so trat Claude Martin sein Amt als französischer Botschafter in Deutschland 1999 an, als auch Bundesregierung und Bundestag ihre Arbeit in der Hauptstadt Berlin aufnahmen.

Schon bald besuchte er Vertreter der Presselandschaft in Hamburg, und wir verabredeten uns zum Mittagessen, denn ich hatte inzwischen einige Bücher über Frankreich und Paris geschrieben, war als überzeugter Freund Frankreichs bekannt, mir jedoch auch bewusst, dass ich als Moderator der *Tagesthemen* eine gewisse Rolle in der deutschen Öffentlichkeit spielte. Allerdings überraschte er mich mit den Worten, er habe seit seiner Ankunft in Berlin regelmäßig die Sendung gesehen, denn dadurch habe er sein Deutsch verbessert.

»Wie kommt das?«, fragte ich verwundert.

»Das hat mir mein Deutschlehrer am Goethe-Institut empfohlen. Denn Sie haben solch eine deutliche und ruhige Art zu sprechen!«, lachte er. Claude Martin hatte sein in der Schule gelerntes Deutsch perfektionieren wollen.

Wir hatten uns viel zu sagen. Ab und zu sahen wir uns in Berlin, hie und da fragte ich ihn über die Geheimnisse des Élysée aus, er bat mich um Rat oder um die Einschätzung politischer Vorgänge in Deutschland, und als er den Wunsch äußerte, Günter Grass, von dem er wusste, dass wir miteinander befreundet waren, kennenzulernen, lud ich beide im Mai 2001 zu einem Abendessen zu mir nach Hause ein.

Normalerweise werden Botschafter nach drei oder vier Jahren im Amt ausgetauscht, doch Claude Martin konnte bei Chirac durchsetzen, länger zu bleiben, was von großem Vorteil war, da er in dieser Zeit besonders enge Kontakte zu Deutschen schließen konnte. Er blieb fast neun Jahre.

Aus unserer Verbindung entwickelte sich eine Freundschaft. Eines Tages meinte Claude Martin ein wenig zaghaft, er wisse, dass ich von Orden nichts halte. Ich lachte, denn das hatte auch seine Geschichte.

Als unter meinen französischen Freunden bekannt wurde, dass ich meinen Posten als Frankreichkorrespondent gegen die Moderation der *Tagesthemen* tauschen und deshalb Paris verlassen würde, schlug mein guter Freund Louis de Broissia, Mitglied des französischen Senats, vor, er wolle als Abschiedsgeschenk für mich die *Légion d'honneur*, den höchsten französischen Orden, organisieren, den nur der Präsident persönlich vergibt. Ich lehnte lachend ab und meinte scherzhaft, wenn überhaupt, dann wollte ich nur mit dem *Poireau* ausgezeichnet werden, dem »Lauch«. So nennt man den Landwirtschaftsorden, weil er an einem grünen Band hängt. Denn, so meinte ich, es gäbe in Deutschland sicher einige Angehörige der *Légion d'honneur*, aber niemanden mit dem *Poireau*.

Erstaunlicherweise erhielt ich einige Zeit später einen Brief der Französischen Botschaft in Berlin, wonach Landwirtschaftsminister Jean Glavany mich zum *Chevalier de l'Ordre du Mérite Agricole* ernannt habe, mir also den *Poireau* verlieh. Ich heftete den

Brief zu den Akten und vergaß ihn, bis mich eines Tages der französische Generalkonsul in Hamburg anrief und zum Mittagessen einlud. Dabei kam er zu der Sache, die er mit mir besprechen wolle: Wir müssten die Übergabe des Ordens planen. Ob der Botschafter ihn mir übergeben solle, dann würde er die deutsche Presse einladen. Bloß nicht! Gut, dann würde er, der Generalkonsul, selbst zu einer würdigen Zeremonie einladen. Ich gab mich geschlagen. Die Verleihung fand sehr feierlich in Begleitung von zwei Kammermusikern statt.

Jetzt wollte der französische Botschafter also wissen, ob ich trotz meiner Aversion gegen Orden bereit sei, mich in die *Légion d'honneur* aufnehmen zu lassen, wenn er mir die Auszeichnung übergeben würde. Nun muss man wissen, dass Napoleon diesen Orden geschaffen hat und persönlich Johann Wolfgang von Goethe als einen der ersten Deutschen zum Ritter der *Legion d'honneur* ernannte. Sehr zum Ärger des Dichterfürsten wurde Schiller einen Rang höher eingestuft und zum Offizier der Ehrenlegion erhoben.

In Frankreich strebt, wer sich bedeutend findet, nach dieser Auszeichnung, doch der Präsident geht mit dieser Würde sparsam um. Und nur zweimal im Jahr, zum Nationalfeiertag am 14. Juli und zum Jahreswechsel, werden in den Tageszeitungen die wenigen Namen derjenigen abgedruckt, die ernannt oder gar befördert worden sind.

Eine Ablehnung, sagte ich mir, wäre ein sehr unfreundlicher Akt. Also stimmte ich zu und wurde wegen meines Einsatzes für die deutsch-französische Freundschaft im November 2005 nicht wie Goethe zum Chevalier, sondern wie Schiller zum *Officier de la Légion* ernannt. Jacques Chirac unterzeichnete die Urkunde.

In dieser Zeit bat Claude Martin mich zu einem privaten Mittagessen zu sich nach Hause – die Residenz des Botschafters liegt in der obersten Etage der neu gebauten Französischen Botschaft am Pariser Platz. Er wollte einen Plan, der ihn seit einiger Zeit umtrieb, mit mir besprechen.

Er holte weit aus. Zu Zeiten von Friedrich dem Großen seien französische Intellektuelle und Künstler in Potsdam ein- und ausgegangen. Sogar der große Aufklärer Voltaire habe dort einige Jahre am Hofe gelebt. Was ich von dem Gedanken hielte, die wichtigsten Intellektuellen des Landes, die sich der deutsch-französischen Freundschaft verschrieben hätten, in einem Kreis zu versammeln, um einen ständigen Dialog der Kulturen zu führen.

Da ich für neue Ideen leicht zu begeistern bin, waren wir schnell dabei, zu überlegen, wer dazugehören könnte. Bei manchen Namen warf ich entsetzt die Hände hoch, bei anderen schüttelte er ablehnend den Kopf, bei vielen waren wir uns einig, dass sie unbedingt dazugehören sollten.

Schließlich kam im Januar 2006 ein – wie wir fanden – respektables Grüppchen von Persönlichkeiten zusammen, um – verwöhnt vom französischen Chefkoch der Botschaft – zu besprechen, wie sinnvoll es sein könnte, solch einen Kreis zu institutionalisieren. Dabei waren unter anderen der ehemalige Bundespräsident Richard von Weizsäcker (er würde bis zu seinem Tod Präsident der *Académie de Berlin* sein), die Filmregisseure Volker Schlöndorff und Wim Wenders, der Schriftsteller Patrick Süskind, die ehemalige Kulturstaatsministerin im Kanzleramt Christina Weiß und die Politikerin und Professorin Gesine Schwan (heute Präsidentin der *Académie*). Eine ehrenwerte Versammlung, fanden Claude und ich.

Der Gedankenaustausch beim Mittagstisch war spannend und anregend, jeder hatte eine andere Vorstellung von dem Kreis, einer sprach begeistert von einer Akademie, die wir gründen sollten. Bloß das nicht! Das klang zu pompös, höchstens einen Verein. Nein, das wiederum war zu simpel. Wir trennten uns mit dem Plan, einige Monate später erneut zusammenzukommen.

Ende Juni trafen sich die Mitglieder der neu zu gründenden *Académie de Berlin* wieder zum Mittagessen in der französischen Botschaft, unterzeichneten eine Gründungsurkunde und beschlossen, in die Runde nicht mehr als zwanzig *académiciens* aufnehmen zu wollen. Mittlerweile sind es etwas mehr – vor allem mehr Frauen, denn nicht nur Männer haben zur deutsch-französischen Verständigung beigetragen.

Bald kamen also der Künstler Anselm Kiefer hinzu, Nike Wagner, der Theaterregisseur Thomas Ostermeier, der Autor Nils Minkmar, der Generalsekretär des Deutsch-Französischen Jugendwerks Tobias Bütow, die Nobelpreisträgerin Emmanuelle Charpentier, der Dirigent Tom Hengelbrock, der Verleger Jonathan Landgrebe und die Romanistin

Prof. Patricia Oster-Stierle, lange Jahre Präsidentin der Deutsch-Französischen Hochschule.

Und weil solch eine *Académie* auch einer gewissen Organisation bedarf, wurde ich zum *secrétaire perpétuel* bestellt. Diese Bezeichnung schlug der Botschafter, als Schirmherr der *Académie*, scherzhaft vor, denn es ist auch der Titel der Person, die die *Académie française* leitet.

Die *Académie*, die mindestens zweimal im Jahr tagt, vergibt nach ihrer Herbstsitzung Ende November stets den *Prix de l'Académie de Berlin*, einen hoch dotierten Preis, dessen erster Preisträger Tomi Ungerer war. Es folgten unter anderem Stéphane Hessel, Luc Bondy, der Autor Georges-Arthur Goldschmidt, die Kunsthistorikern Bénédicte Savoy, die Schriftstellerinnen Cécile Wajsbrot, Yasmina Reza und die spätere Nobelpreisträgerin Annie Ernaux.

Die *Académie* vergibt auch Stipendien an Personen, die den deutsch-französischen Kulturaustausch beleben können. So an einen französischen Theaterregisseur am Gorki-Theater, eine französische Regieassistentin an der Schaubühne, eine französische Literaturwissenschaftlerin, die nach Lücken in der deutschen Verlagswelt sucht. Aber auch an Deutsche wie die Regisseurin Sophie Kluge für ein Drehbuch. Die Mitglieder der *Académie* verfolgen dabei die Idee, diesen Stipendiatinnen und Stipendiaten die Kultur des jeweils anderen Landes so nahezubringen, dass sich die persönlich gemachten Erfahrungen aus der Kultur des anderen in ihrem Lebenswerk auswirken wird.

In Zusammenarbeit mit dem Suhrkamp Verlag,

dessen Verleger Jonathan Landgrebe wie gesagt Mitglied der *Académie* ist, entstand die »Französische
Bibliothek«, in der bedeutende, fast vergessene,
auf Deutsch nicht mehr im Buchhandel erhältliche
Werke der modernen französischen Literatur wieder verlegt werden.

Inzwischen sind fünfundzwanzig Bücher erschienen, die sich zur Freude des Verlags gewinnbrin-
gend verkaufen, darunter renommierte Werke von
Louis Aragon und Marguerite Duras, von Alain
Robbe-Grillet, Marcel Proust und Raymond Que-
neau, Colette, Paul Valéry und Roland Barthes.

Einmal im Jahr lädt die *Académie* zu einer *lecture*
ein, die zum Nachdenken über deutsch-französische Themen anregen soll. Neben anderen sprachen bisher Peer Steinbrück als Kanzlerkandidat,
die Verteidigungsministerin Ursula von der Leyen
und Annegret Kramp-Karrenbauer als CDU-Gene-
ralsekretärin, Olaf Scholz als Bevollmächtigter für
die deutsch-französische Kulturzusammenarbeit,
der Gouverneur der *Banque de France* François de
Villeroy de Galhau, die Klimaaktivistinnen Luisa
Neubauer und Camille Étienne, Daniel Cohn-Ben-
dit, die Astronauten Claudie Haigneré und Matthias
Maurer und unter anderem auch Hubert Védrine,
ehemaliger französischer Außenminister.

Der Erfolg der *Académie de Berlin* hat Maurice
Gourdault-Montagne, der nach Claude Martin französischer Botschafter in Berlin und in dieser Funktion auch *protecteur* – Schirmherr – der *Académie de
Berlin* war, veranlasst, im Frühjahr 2023 gemeinsam
mit dem Gouverneur der *Banque de France* Fran-

çois de Villeroy, der begeistert seine *lecture* in Berlin gehalten hat, an der Deutschen Botschaft in Paris einen Zwilling zu gründen: die *Académie franco-alle-mande de Paris*.

# Verstehen, um zu lieben –
# Lieben, um zu verstehen

Von Kurt Tucholsky stammt der kluge Satz: »Den Deutschen muss man verstehen, um ihn zu lieben. Den Franzosen muss man lieben, um ihn zu verstehen.«

Unter Liebe würde ich in diesem Fall Wertschätzung und vielleicht auch Zuneigung verstehen. Beldes sind Gefühle, die sich in der Zivilgesellschaft beider Länder breitgemacht haben. Für junge Franzosen ist Berlin inzwischen ein Sehnsuchtsort. Manche französischen Autoren wie Didier Eribon sind in Deutschland fast erfolgreicher als in ihrem Heimatland, die deutsche Autorin Anne Weber schrieb ihre ersten Bücher auf Französisch. Ebenfalls mit Erfolg.

In seiner Rede zum Volkstrauertag 2018 im Deutschen Bundestag sagte der französische Staatspräsident zwar: »Denken Sie daran, dass Frankreich Sie liebt!« Aber das meinte er nicht politisch, sondern er bezog sich auf einen französischen und einen deutschen Dichter, die beide zu Beginn des Ersten Weltkriegs gefallen sind.

In der Politik sind Gefühle wie Liebe, wie Wertschätzung oder gar Zuneigung offenbar falsch am Platz. Schon Angela Merkel – als Nachfolgerin von Kanzler Gerhard Schröder – schien nicht mehr in der Lage zu sein, der französischen Führung eine besondere Wertschätzung zu vermitteln. In Paris erklärte man sich dieses Verhalten mit ihrer Herkunft aus der DDR und dass sie nicht – wie etwa Adenauer oder Kohl – in einem der grenznahen Bundesländer aufgewachsen sei.[57]

Claude Martin pflegte in seinem Amt als Botschafter regelmäßigen Kontakt zu Angela Merkel schon zu der Zeit, als sie noch nicht Vorsitzende der CDU war. Martin erinnerte sich in seinen Memoiren besonders an ein Gespräch mit Generalsekretärin Angela Merkel, in dem sie erbarmungslos über Helmut Kohl urteilte, als dessen schwarze Kassen in der Öffentlichkeit bekannt wurden.

Claude Martin bedauerte, dass die CDU Kohl fallen ließ, so wie sie einst ihren großen alten Kanzler Konrad Adenauer aus dem Amt gedrängt hatte. Merkel antwortete hart und deutlich: »Konrad Adenauer war eine große Persönlichkeit … eine moralische Referenz … Kohl ist es sicher nicht wert, mit ihm verglichen zu werden.«

Und nach einer kurzen Pause fügte sie hinzu: »Sie können sich gar nicht vorstellen, wozu Kohl fähig war. Weder was er sich ausgedacht, noch was er umgesetzt hat, um sich die Kontrolle über die CDU zu sichern. Er hat die Partei einfach als Machtinstrument genommen. Wäre er im Osten statt in der Pfalz geboren worden, wäre er ohne Bedenken in die SED eingetreten. Und ein paar Jahre später hätte er den

Platz von Erich Mielke an der Spitze der Stasi ein-
genommen. Solch eine Art Mensch ist er, oder viel-
mehr war er, weil seine Karriere jetzt zu Ende ist.
In drei Monaten wird unser Parteitag in Essen end-
gültig das ›System Kohl‹ beenden.«

Als Angela Merkel zwei Jahre später Oppositions-
führerin wurde, ermöglichte ihr Claude Martin den
Zugang zum französischen Präsidenten, der sie
freundlich zum Gedankenaustausch empfing, sodass
sich beide schon kannten, als sie schließlich 2005
zur Bundeskanzlerin gewählt wurde.

Am Abend, bevor Merkel der Tradition entsprechend ihren Antrittsbesuch als neue Regierungs-
chefin Deutschlands in Paris machte, scharte Chirac
eine kleine Runde von Beratern um sich, um zu
überlegen, wie man Angela Merkel mit einer besonderen Geste würdigen könnte. Plötzlich fiel Chirac
ein, er könne sie mit einem Handkuss begrüßen.
Entsetzt wehrten seine Ratgeber ab, er würde in der
Presse verrissen und als ein abgetakelter alter Mann
von gestern bezeichnet werden.

Als Merkel am nächsten Tag im Élysée vorfuhr,
begrüßte sie Chirac formvollendet – mit Handkuss! Er war seinem Instinkt gefolgt, der ihn nicht
trog. Denn das Bild dieser kleinen menschlichen
Geste eines großen Staatspräsidenten begeisterte die
Öffentlichkeit und wurde in den Medien gefeiert.

Die Bundeskanzlerin hatte während ihrer langen Regierungszeit mit vier französischen Präsidenten zu tun: zunächst mit Chirac, der Angela Merkel
hofierte, den sie aber mit Vorsicht genoss, da sie ihn
als Freund Schröders einschätzte.

Mit Angela Merkel trat eine neue Generation auf. Man spürte im Umgang der beiden eine neue Phase der deutsch-französischen Beziehungen. War Schröders Biografie noch durch den Tod seines Vaters als Soldat im Zweiten Weltkrieg geprägt, trat nun eine Frau mit einer ostdeutschen Biografie das Amt der Bundeskanzlerin an, die einen sehr viel sachlicheren Bezug zu Frankreich hatte.

Auf Jacques Chirac folgte anderthalb Jahre später dessen hektischer Innenminister Nicolas Sarkozy, der es Merkel als eitler Geck verübelte, dass die Bundeskanzlerin – protokollarisch verständlich – auch in ihrer Funktion als CDU-Vorsitzende direkt mit dem Élysée sprach statt mit ihm, dem Präsidenten der damaligen Regierungspartei UMP. Insgeheim mochte Sarkozy Deutschland nicht, fand die Deutschen unsympathisch, arrogant und herrschsüchtig. Wann immer in seinem Umfeld über Merkel gesprochen wurde, nutzte er boshafte Spitznamen für die deutsche Kanzlerin, was über Umwege bei Angela Merkel landete, die wiederum über den »kleinen Napoleon« spöttelte.

Allerdings redete Sarkozy nicht nur über Merkel schlecht. Als er zu seinem Antrittsbesuch als frisch vereidigter französischer Staatspräsident nach Berlin flog, fragte ihn Angela Merkel, ob er schon in die Appartements des Élysée eingezogen sei. Nein, antwortete Sarkozy, sie würden noch ein wenig warten, denn seine Frau Cécilia habe die Wohnung inspiziert und festgestellt, die Räume müssten erst einmal ordentlich gereinigt werden. Und auf Chirac bezogen schimpfte er: »Du kannst dir gar nicht vorstellen, Angela, in was für einem Dreck diese Leute da gelebt haben.«

Kaum im Amt, beging Sarkozy einen Fauxpas nach dem anderen. Er legte sich mit dem SPD-Finanzminister Peer Steinbrück an, der sich nicht scheute, Sarkozy bei einem Treffen der EU-Finanzminister vorzuführen. Wütend verlangte der französische Staatspräsident von der Bundeskanzlerin, sie solle Steinbrück entlassen. Als sie es wohlweislich nicht tat, warf er ihr vor, ein »Kleingeist« zu sein.

Als die Schuldenkrise mit Griechenland ausbrach, hatte Deutschland mit Wolfgang Schäuble einen neuen Finanzminister, der allerdings genauso selbstbewusst war wie sein Vorgänger Steinbrück – mit demselben Ergebnis. Sarkozy fand auch ihn unausstehlich. Allein, die Schuldenkrise konnte nur gelöst werden, wenn Deutschland und Frankreich sich einig waren. So führte die Krise die Entscheider beider Länder zusammen, was zu dem Spitznamen »Merkozy« führte.

Der Spitzname sollte aber keine Nähe ausdrücken. Wenn allerdings Angela Merkel zum Diner in den Élysée-Palast kam, dann rief Sarkozy seinen Chefkoch persönlich an und bestellte ein köstliches *plateau de fromage*, da er wusste, dass die Bundeskanzlerin für Käse schwärmte. Das war eine besondere Geste Sarkozys, denn den Käsegang hatte er von normalen Staatsdiners gestrichen, aus einem einfachen Grund: Sie dauerten ihm sonst zu lang.

Derjenige, der die EU-Entscheidungen in der Griechenland-Krise verhandelte, war Wolfgang Schäuble. Damals stand er als Bundesfinanzminister an der

Spitze der Beliebtheitsskala aller Politiker in Deutschland. In den Augen der Deutschen war er nicht nur der Finanzminister, der eine schwarze Null für den Haushalt geschafft hatte, sondern auch jener, der das gemeinsame Europa vorantrieb – nicht nur, weil er fließend Französisch sprach – und der auch in schweren Zeiten die deutsch-französische Freundschaft zu wahren wusste.

Wegen seiner Haltung in der Griechenland-Krise wurde Schäuble dagegen in der französischen Tageszeitung *Le Monde* als Tod karikiert. »Der Sensenmann« stand unter der Zeichnung. Einige Tage zuvor war Schäuble dort schon als »*Bourreau des Grecs* – Henker der Griechen« – benannt worden. Schäuble wurde die Zerstörung der europäischen Idee, die Spaltung Europas vorgeworfen.

Der junge französische Wirtschaftsminister Emmanuel Macron versuchte mit einem gewagten Vergleich, um Verständnis für Griechenland zu werben: Den Griechen dürfe durch die strenge Haltung der deutschen Regierung kein »Versailler Vertrag der Eurozone« auferlegt werden.[58] Was damit angesprochen wird, versteht jeder Franzose sofort. Denn der Versailler Vertrag, der Deutschland nach dem Ersten Weltkrieg zu hohen Reparationszahlungen verpflichtete, mit dem Ziel, Frankreich zu stärken, galt als äußerst hart, manche Historiker sehen in ihm einen Grund für den Aufstieg der Nazis, die das »Diktat von Versailles« bekämpften.

Die Wahrnehmung in der französischen Öffentlichkeit wurde von einer boshaften, vermeintlich kritischen Presse geprägt. Der deutsche Finanzminister galt den Franzosen deshalb als der Mann, der nicht nur Europa gefährdete, sondern auch die deutsch-französische Freundschaft zerstörte. Denn Schäuble vertrat eine Position, die der des französischen Finanzministers Michel Sapin entgegengesetzt zu sein schien.

Die französische Presse schonte dagegen den französischen Finanzminister, der sogar hinter dem Rücken des deutschen Finanzministers den Griechen bei der Ausarbeitung des schließlich in Brüssel akzeptieren Rettungsplans half.

Eine Stimmung, die durch die politische Berichterstattung in der Öffentlichkeit erzeugt wird, stimmt häufig nicht mit der Wirklichkeit überein. Sonst könnten solche grundsätzlich verschiedenen Einschätzungen zu Schäuble gar nicht entstehen. Um zu beweisen, dass die deutsch-französische Freundschaft auch die größten Meinungsverschiedenheiten aushält, kamen beide Minister auf die Idee, sich von einem französischen und einem deutschen Journalisten so ausgiebig befragen zu lassen, dass daraus ein Buch[59] entstehen würde.

So erreichte mich im Mai 2015 die Anfrage von Wolfgang Schäuble, ob ich mir vorstellen könnte, an solch einem Gesprächsbuch teilzunehmen. Ich hatte gerade das Manuskript für einen neuen Kriminalroman über meinen Pariser Untersuchungsrichter Jacques Ricou abgeschlossen[60] und hatte daher die nötige Zeit. Ich fragte also, wie Schäuble sich den Ablauf des Gesprächs vorstelle.

Die Minister würden sich drei volle Tage Zeit nehmen. Der erste Tag in Paris Anfang Juli, einen Tag darauf in Straßburg, schließlich ein dritter Tag in Berlin Mitte Juli.

Das passte in meinen Zeitplan, allerdings wurde daraus nichts. Michel Sapin rutschte auf einer Öllache in seiner Garage aus und brach sich den Arm, Wolfgang Schäuble musste zur Abstimmung über den griechischen Rettungsplan in den Bundestag. Zu den drei vollen Tagen trafen wir uns schließlich zwischen August und Dezember 2015.

Wolfgang Schäuble sprach fließend Französisch und Englisch so gut, dass er bei internationalen Treffen alles verstand. Michel Sapin hatte erst als Finanzminister Englischkurse genommen. Deutsch hat er nicht gelernt, weil er in der Schule, wo er als begabter Schüler eigentlich der Tradition nach in den Deutschunterricht geschickt worden wäre, beschloss, Russisch zu lernen. Unsere Gespräche fanden deshalb auf Englisch und Französisch statt.

Wenn man eine Sprache beherrscht, versteht man zwar, was der andere sagen will, aber in der Kommunikation liegen oft Geheimnisse. Als ich in Frankreich arbeitete, erlebte ich immer wieder: Ein Franzose sagt nicht »Nein!«, sondern eher: »C'est difficile. – Das ist schwierig.«

»Ich lade dich fürs Wochenende ein.«

»Ach, weißt du, das ist schwierig.«

Der Deutsche fragt dann: »Wo ist das Problem? Wir lösen es.«

Doch der Franzose will das Problem gar nicht lösen. Er will Nein sagen, aber das deutet er nur an, um nicht unhöflich zu wirken. Es liegt dann an meiner Feinfühligkeit, ihn zu verstehen.

So sagte ich zu Michel Sapin: »Herr Schäuble ist sehr direkt, selbst für einen deutschen Politiker«, und mein französischer Kollege, der Journalist Dominique Seux, ergänzte meinen Satz: »Sagt er manchmal auch Ja oder immer nur Nein?«

Sapin antwortete: »Ich habe ihn schon Ja sagen hören. Das Besondere am französisch-deutschen Verhältnis ist ja, dass man immer eine gemeinsame Lösung zu erzielen versucht. Aber es stimmt, Wolfgang drückt sich immer recht klar aus, sehr entschieden und sehr energisch. Ich drücke mich vielleicht etwas abgerundeter aus, weniger unverblümt, aber auch für mich ist Aufrichtigkeit etwas ganz Wichtiges.«

Dem stimmte Wolfgang Schäuble zu: »Es ist in der Tat so, wie Michel sagt. Wir haben unterschiedliche Standpunkte. Er ist Sozialist, ich nicht, aber wir sind offen miteinander und können einander vertrauen – auch wenn wir unterschiedlicher Meinung sind. In dieser Hinsicht sind wir beide klar und direkt. Aber selbst wenn wir unterschiedlicher Meinung sind: Wir würden nie etwas tun, was dem anderen schadet. Denn über allem steht die deutsch-französische Zusammenarbeit, und darin stimmen wir völlig überein.«

Ganz so offen und vertrauensvoll, wie Schäuble sagte, war das gegenseitige Verhältnis dann doch nicht, wie sich im Lauf des Gesprächs herausstellte. Ich hatte gehört, dass ein hoher Beamter des französischen Finanzministeriums für die Griechen den Text des Rettungsplans zum Gipfel in Brüssel ausgearbeitet hatte. Als ich Sapin fragte, wie es dazu gekommen sei, meinte er, es sei notwendig gewesen, einen erwiesenen Finanzfachmann aus seinem Ministerium einzuschalten, denn die Griechen seien nicht in der Lage gewesen, den Rettungsplan zu erstellen. Und hat Schäuble davon gewusst? Nein. Also bat ich Schäuble um seine Einschätzung dieses Vorgehens hinter seinem Rücken. Knapp und nüchtern meinte er: »Fehlendes Selbstbewusstsein.« Dieses harsche Urteil fiel leider in der Nachbearbeitung des Buches durch die Minister weg – da war diplomatisches Auftreten wohl wichtiger gewesen.

Wir sprachen auch über banale Dinge, die Frankreich von Deutschland unterscheiden. »Wie viel verdienen Sie?«, fragten wir beispielsweise. Der französische Finanzminister Michel Sapin gab präzise ein Gehalt von 8347 Euro netto an, Schäuble kam mit den Bezügen als Abgeordneter auf »netto etwas mehr als 12 000 im Monat«.

Da ich selbst in Paris erlebt habe, dass ich bei einem Besuch in einem Ministerium – oder auch beim Intendanten des öffentlichen Fernsehsenders *Antenne 2* – in einem Speisezimmer empfangen und köstlich bewirtet worden war, fragte ich den französischen Finanzminister, ob er auch einen Koch habe. Ja, antwortete er, aber natürlich kochten der »Chefkoch und einige Küchenhilfen« hauptsächlich für die Gäste.

»Das ist eine sehr alte Tradition«, begründete es Sapin, »und die Minister sind ein wenig stolz, dass sie bei ihren Gästen für die französische Gastronomie werben können. Es gilt bei uns als Zeichen der Autorität, eine hervorragende Küche zu haben … Es gibt

einen Wettbewerb zwischen den Chefs der Ministerien. Manche Ministerien haben zum Beispiel einen
ausgezeichneten Ruf, was ihre Küche angeht, und
zwar das Verteidigungs- und das Außenministerium.«[61]

Und dann erkundigte sich Sapin bei seinem Freund
Wolfgang, ob er auch einen Koch habe. Bescheiden
erklärte Schäuble: »Wenn keine Gäste da sind, esse
ich mit meiner Sekretärin und lasse mir dazu aus der
Kantine Essen bringen und bezahle es – das gleiche
Essen, das alle Mitarbeiter essen und bezahlen.« Und
mit Gästen gehe er ins Restaurant.

Erschrocken meinte Sapin: »Aber ist das nicht
sehr teuer?«

»Das kommt darauf an«, antwortete Schäuble,
»wie oft man es macht. Wenn man nur drei Essen
im Monat hat, ist eine ganze Küche mit einem entsprechenden Koch viel teurer. Und in Deutschland
würde das unweigerlich zu einer Diskussion über
Privilegien führen.«

Es gehöre sich, so Sapin, dass ein Minister den
Anspruch auf eine Wohnung und eine Küche habe.
Deshalb wohne er im Finanzministerium. Und er
war erstaunt, dass Schäuble keine Dienstwohnung
habe. Wo er denn wohne? Er miete. Sapin, der
schon unter François Mitterrand zum ersten Mal
Finanzminister gewesen war, beklagte, dass er jetzt
unter Präsident François Hollande für diese Dienstwohnung Miete bezahlen müsse, »was früher nicht
der Fall war«.

Bei den Verhandlungen über die Griechenland-
Krise begegnete Schäuble auch häufiger Emma-

nuel Macron, der damals Wirtschaftsminister in Paris war. Macron hatte hinter dem Rücken von Sapin und Schäuble dem griechischen Finanzminister Hilfe angeboten und vorgeschlagen, heimlich zu Beratungen nach Athen zu fliegen, was aber über den Élysée rauskam. Ein Machtwort Merkels beim französischen Staatspräsidenten François Hollande verhinderte diese französisch-griechische Absprache schließlich.

In seiner Rede im Deutschen Bundestag während des Staatsakts zum Gedenken an Schäuble Ende Januar 2024 ging Macron auf diese Zeit kurz ein: »Seine Rolle an der Seite Angela Merkels als Hüter der Finanz- und Haushaltsregeln in einem krisengeschüttelten Europa wurde zugegebenermaßen im restlichen Europa, manchmal selbst in Frankreich, nicht immer verstanden.«[62]

Als Macron im Mai 2017 das Amt des Staatspräsidenten Frankreichs antrat, erklärte Wolfgang Schäuble in der italienischen Zeitung *La Repubblica*, wenn man »alte Interviews und Aufsätze« von ihm lese, dann erkenne man viele Gemeinsamkeiten mit Macron. Auch nachdem Schäuble aus der Regierung ausgeschieden war, blieb er mit Macron, der ihn sehr schätzte, in Kontakt.

So wie Macron es in seiner berühmten Rede in der Sorbonne im September 2017 getan hatte, mahnte Schäuble wiederholt an, Deutschland und Frankreich sollten sich endlich auf eine gemeinsame Außen- und Verteidigungspolitik einigen – und sie dann auch ausüben. Kurz vor seinem Tod schlug Schäuble sogar vor, Deutschland solle sich an den

Kosten für Frankreichs Atommacht beteiligen, die dann – unter Entscheidungsgewalt Frankreichs – Europa schützen könne.

Und um noch einmal einen deutsch-französischen Moment heraufzubeschwören, wünschte sich Schäuble nach seinem Tod eine Rede Macrons anlässlich seines Gedenkens. Als Schäuble dann Ende 2023 starb, wurde die Trauerfeier im Bundestag bewusst auf den 22. Januar gelegt, den 61. Jahrestag des Deutsch-Französischen Freundschaftsvertrages. Der französische Präsident kam, um den ehemaligen Finanzminister und Bundestagspräsidenten zu ehren. Seine Rede war als besonderer Freundschaftsbeweis gedacht und Macron hielt sie über weite Strecken auf Deutsch. Denn Macron hatte sich im Jahr zuvor schon anlässlich des – wegen innenpolitischer Unruhen in den Vorstädten – verschobenen Staatsbesuchs in Deutschland auf eine Rede auf Deutsch vorbereitet, angeregt von der ebenso gehaltenen »Rede an die deutsche Jugend« von General de Gaulle 1962 in Ludwigsburg.

»Der Lebensweg dieses großen Deutschen, dieses großen Europäers«, so Macron im französisch vorgetragenen Teil seiner Rede, »zeigt uns, dass er die Veränderungen seines Landes und die Umsetzung des europäischen Projekts seit jeher als ein Ganzes verstand. Diese untrennbare Verbindung zwischen Deutschland und Frankreich ist die Formel, die Gleichung, durch die unsere beiden Länder nach dem Zweiten Weltkrieg aufblühen konnten. Die deutsch-französische Freundschaft ist die Hüterin dieser Formel als fundamentales Bindeglied Europas. Davon war Wolfgang Schäuble fest überzeugt, ebenso wie Jacques Delors, François Mitterrand, Helmut Kohl und ihre Nachfolger beiderseits des Rheins.«

Allein die Tatsache, dass der französische Präsident abseits jedes Protokolls zu diesem Staatsakt nach Berlin reiste und sich auf Deutsch vor einem bedeutenden deutschen Politiker verneigte, war ein von ihm bewusst gesetztes Zeichen, um die deutsch-französische Freundschaft zu festigen.

# Eine neue Partnerschaft

Dieses besondere Verhältnis zwischen den Ländern Frankreich und Deutschland bestimmt die Idee Emmanuel Macrons vom Fortschritt in Europa. Schon im Wahlkampf 2017 sprach er sich, anders als all seine Konkurrenten, für eine deutsch-französische Initiative aus, um Europa zu modernisieren. Es ist gerecht zu sagen: Trotzdem gewann er. Er hatte das Glück, dass der konservative Kandidat François Fillon, den alle als Sieger erwarteten, wegen eines Finanzskandals scheiterte.

Wenige Monate nach Amtsantritt hielt Macron seine inzwischen berühmt gewordene Rede an der Sorbonne über die Neuausrichtung Europas. Darin enthalten war ein Appell an die deutsche Regierung: »Ich schlage Deutschland in erster Linie eine neue Partnerschaft vor. Wir werden uns nicht immer in allen Dingen einig sein oder nicht immer sofort, aber wir werden über alles sprechen. Denjenigen, die sagen, es handele sich um eine unmögliche Aufgabe, antworte ich: Sie haben sich daran gewöhnt, zu resignieren, ich nicht … Genau dieser konkrete Wille zeichnet den Elysée-Vertrag aus. Arbeiten wir also an diesen gemeinsamen Verpflichtungen, halten diese in einem neuen Kooperationsvertrag fest, den wir dann zum 55-jährigen Bestehen des Gründervertrages am 22. Januar 2018 gemeinsam unterzeichnen. Lassen Sie uns am 22. Januar nächsten Jahres einen neuen Elysée-Vertrag auflegen.«[63] – Keine deutsche Regierung hat Macron je geantwortet.

Man mag entschuldigend anführen, Macron habe die Rede – deren Inhalt übrigens mit Angela Merkel abgesprochen war – kurz nach der Bundestagswahl 2017 gehalten, und es habe wegen der schwierigen Koalitionsverhandlungen bis März 2018 gedauert, bis die Große Koalition stand.

Der Wunsch Macrons nach einer Erneuerung des deutsch-französischen Freundschaftsvertrages im Januar 2018 wurde wegen der ewig dauernden Regierungsbildung und auch nur auf Druck aus dem Bundestag ein Jahr später als erhofft im Januar 2019 am 56. Jahrestag des Élysée-Vertrages im Königssaal von Aachen von der Bundeskanzlerin und dem französischen Präsidenten unterzeichnet. Zu den vielen Gästen, die Angela Merkel zu diesem deutsch-französischen Festtag eingeladen hatte, gehörte auch ich.

Am Tag vor der Unterzeichnung reiste ich an und traf mich mit meinem Freund Claude Martin, dem ehemaligen Botschafter Frankreichs in Berlin, und seiner Frau zum Abendessen. Claude war vom französischen Präsidenten eingeladen worden, dem Ereignis beizuwohnen. Er war zwar angereist, aber zögerte noch, ob er an der Zeremonie am nächsten Morgen teilnehmen sollte.

»Welchen Sinn macht es, einen neuen Vertrag zu unterzeichnen«, murrte Martin, »um in unseren Beziehungen weiter als im Élysée-Vertrag voranzuschreiten, wenn noch nicht einmal der richtig umgesetzt wird?«

»Du bist aber arg pessimistisch«, versuchte ich ihn milde zu stimmen.

»Überhaupt nicht. Emmanuel Macron und Angela Merkel sagen sich nette Worte, umarmen sich, aber interessieren sich nicht wirklich füreinander. Ein Abbild unserer Länder. Wertschätzung und Gleichgültigkeit. Niemand spricht mehr die Sprache des anderen.«

Am nächsten Tag schwänzte Claude Martin die Unterzeichnung, ich ging hin. Aber heute stimme ich ihm in seiner Kritik in vielen Punkten zu. Der Vertrag sah unter anderem vor, die kulturelle Vielfalt zu stärken, das Institut français und das Goethe-Institut sollten neun gemeinsame Institute überall in der Welt gründen. Aber schon wenige Jahre später beschloss das Auswärtige Amt, mehrere Goethe-Institute in Frankreich zu schließen. Da halfen auch die Proteste Macrons beim nächsten deutsch-französischen Gipfel in Hamburg nicht.

Ein bescheidener Erfolg aus dem Vertrag von Aachen ist die Einrichtung jenes Deutsch-Französischen Bürgerfonds, mit dem grenzüberschreitende Privatinitiativen unterstützt werden, die ein Beziehungsgeflecht fördern. Landwirte vernetzen sich, es gibt länderübergreifende Gartenprojekte, gemeinsame Multi-Media-Events, Podcasts. Versprochen war ein Budget von 5 Millionen Euro jährlich, es kommt aber nur die Hälfte. Die meisten hehren Ziele des Vertrages stehen auch Jahre nach dem Tag in Aachen immer noch nur auf dem Papier.

Danach allerdings wäre es durchaus angebracht gewesen, auf Macrons Vorschlag »einer neuen Partnerschaft« einzugehen. Stattdessen musste Macron ziemlich unüberlegte Ratschläge erdulden. Die damalige CDU-Vorsitzende Annegret Kramp-Karrenbauer antwortete auf das Europa-Manifest von Macron anderthalb Jahre später mit einem Artikel in der *Welt am Sonntag* im März 2019. Darin schlug sie vor, der Tagungsort Straßburg des Europäischen Parlaments solle zugunsten von Brüssel eingespart werden. Straßburg ist der weitaus wichtigere Sitz, denn hier finden die Plenarsitzungen statt. Frankreich war entsetzt, dass ihm dieses Symbol der Einigung Europas genommen werden sollte.

Im Sinne einer von Macron empfohlenen gemeinsamen Sicherheitspolitik wollte Kramp-Karrenbauer »mit dem symbolischen Projekt des Baus eines gemeinsamen europäischen Flugzeugträgers beginnen«[64].

Purer Unsinn. Denn wer würde den Einsatzbefehl geben? Etwa der französische Präsident, der die alleinige Vollmacht hat, für sein Land den Atomknopf zu drücken? Oder Deutschland, wo jeder militärische Einsatz vom Parlament gebilligt werden muss?

Kramp-Karrenbauer wollte außerdem den französischen Sitz im UN-Sicherheitsrat in einen europäischen Sitz verwandeln. Der französische Außenminister Jean-Yves Le Drian gab ihr eine klare Antwort: Dieser Vorschlag sein »dumm«[65]. In Frankreich war diese Forderung Wasser auf die Mühlen der Deutschland-Gegner, besonders aus dem rechten Lager. Das im Weltkrieg besiegte Deutschland wolle den Franzosen einen Teil ihrer Identität nehmen! Denn der Sitz Frankreichs im Sicherheitsrat ist schließlich mit einer Veto-Stimme versehen, wie sie den Siegermächten des Zweiten Weltkriegs zusteht.

Trotzdem wiederholte Bundesfinanzminister Olaf Scholz in seiner Europa-Rede an der Humboldt-Universität im September 2020 die Forderung nach der Umwandlung des französischen Sicherheitsratssitzes in einen europäischen. Allerdings ist ihm heute dieser »Fehler« bewusst. Als ich vor Kurzem mit ihm über seine Humboldt-Rede sprach, warf ich kurz ein, sie beinhalte aber einen »Fehler«. Darauf antwortete er schnell, er kenne den »Fehler« genau, den hätten ihm seine Berater in die Rede geschrieben, und als er die Idee mit dem europäischen Sicherheitsratssitz infrage stellte, hätten sie darauf gepocht, dies sei »ganz wichtig«!

Diese Bemerkung hat mich nachdenklich gemacht. Vermutlich werfen wir Politikern häufig Aussagen vor, die ihnen von Referenten ausgearbeitet werden, denen sie vertrauen. Tatsächlich kann ich mir auch nicht vorstellen, dass die Europa-Vorschläge »auf dem Mist« – wie man spöttisch sagt – von Annegret Kramp-Karrenbauer gewachsen sind. Die haben sich Mitarbeiter ihres Stabes ausgedacht. Sie trägt allerdings dafür die Verantwortung.

Deshalb habe ich mich ein wenig in Berlin und Paris umgehört, wie es zu solch groben Fehleinschätzungen kommen kann. Ob im Kanzleramt oder im

Élysée-Palast, so wurde mir bestätigt, ob im Auswärtigen Amt oder im Quai d'Orsay, überall herrscht bei Beamten und Funktionären ein gewisser Hochmut, wenn nicht sogar Arroganz gegenüber der anderen Seite. Die Deutschen denken sehr deutsch, die Franzosen sehr französisch, aber sie müssen endlich lernen, die Identität des jeweils anderen mitzudenken.

Diese groben Fehler belegen, dass es auf allen politischen Ebenen an Sensibilität fehlt, sich ernsthaft in die Identität der beiden Freundschaftspartner einzufühlen.

Ich erinnere mich daran, dass ich in der Zeit als Korrespondent in Paris den Anruf eines Referenten von Bundespräsident Richard von Weizsäcker erhielt mit der Bitte, ob ich, wenn ich wieder einmal in Bonn sei, vorbeischauen könnte. Der Bundespräsident habe einige Fragen Frankreich betreffend. Ich antwortete, ich käme sofort zu jedem dem Präsidenten genehmen Termin und saß schon zehn Tage später in der Villa Hammerschmidt bei einer Tasse Tee mit von Weizsäcker. Er erklärte mir, dass er zum Staatsbesuch nach Frankreich eingeladen sei und sich einige besondere Aussagen überlegt habe. Bei den drei Punkten, die er aufzählte, erläuterte ich, weshalb er damit die Franzosen eher vor den Kopf stoßen würde, weil sie deren Identität verletzten. Ich merkte ihm an, dass er mich wohl verstand, aber ihm meine Antworten nicht gefielen. Doch er akzeptierte sie.

Im Dezember 2021 trat Olaf Scholz das Amt des Bundeskanzlers an und flog, ganz der 1974 von Giscard und Schmidt geprägten Tradition folgend, zwei

Tage nach seiner Wahl zu seinem ersten Auslandsbesuch nach Paris. Präsident Emmanuel Macron empfing ihn wie einen alten Bekannten. Tatsächlich kannten sie sich schon seit sieben Jahren, und ich war bei ihrem ersten Treffen dabei gewesen.

Der damalige französische Premierminister Manuel Valls war im September 2014 mit seinem neuen Wirtschaftsminister Emmanuel Macron, gerade einmal vier Wochen im Amt, nach Hamburg gekommen, um das Airbuswerk in Finkenwerder zu besichtigen. Am Abend gab er für Olaf Scholz, damals Erster Bürgermeister von Hamburg, ein kleines Diner im Hotel Atlantic, zu dem ich als *secrétaire perpétuel* der *Académie de Berlin* geladen war. Keiner kannte damals Macron, der die Anwesenden mit seiner offenen und erfrischenden Art zu reden gleich für sich einnahm.

Scholz traf Macron von nun an regelmäßig. Im Januar 2015 war der Erste Bürgermeister von Hamburg zum Bevollmächtigten für die deutsch-französische kulturelle Zusammenarbeit ernannt worden. Dieses Amt rotiert zwischen den Ministerpräsidenten. Da in der Bundesregierung kein Kultusminister sitzt – Kultur ist Ländersache –, vertritt der Bevollmächtigte im Rahmen des Elysée-Vertrages die Bundesrepublik im kulturellen Bereich. Als Bevollmächtigter nahm Scholz an den deutsch-französischen Ministerratssitzungen teil und traf immer wieder auf Macron: zunächst in dessen Funktion als französischer Wirtschaftsminister und später als Präsident.

Das Amt des Beauftragten für die kulturelle Zusammenarbeit legte Scholz jedoch vorzeitig nieder, als er im Frühjahr 2018 Bundesfinanzminister wurde und von nun an qua Amt an den deutsch-französischen Gipfeln teilnahm.

Macron dürfte den neuen Bundeskanzler und alten Bekannten hoffnungsvoll erwartet haben, denn der Koalitionsvertrag sprach sich für die Zustimmung zum Europäischen Stabilitäts- und Wachstumspakt aus und klang wie eine späte Antwort auf Macrons frühe Europa-Initiativen.

In der Pressekonferenz, die auf das Gespräch der beiden im Élysée-Palast folgte, sprach sich Scholz ganz im Sinne des französischen Präsidenten für die Stärkung der Europäischen Union und mehr europäische Souveränität aus, deutete allerdings auch Differenzen in der steuerlichen Behandlung von Atomstrom an.

Macron konnte zufrieden sein, zumal er sich darauf vorbereitete, drei Wochen später ab dem 1. Januar 2022 für sechs Monate die Ratspräsidentschaft der Europäischen Union zu übernehmen. Diese herausgehobene Position sollte ihm bei der Wiederwahl im folgenden Mai helfen.

Scholz und Macron unterhalten sich stets auf Englisch, was beide perfekt beherrschen. Macron hat zwar als Schüler einige Wochen in Deutschland verbracht, aber für ein politisches Gespräch reichen seine Kenntnisse der deutschen Sprache nicht aus. Scholz dagegen hat Latein und Griechisch gelernt – kein Französisch. Aber er kennt das Land durch häufige Urlaube im Perigord – »Da nimmt man schrecklich zu« –, wo man Trüffel, gemästete Gänse und Enten isst, in der Bretagne und aus der Lektüre. Olaf Scholz gehört zu den großen Lesern.

Schon als junger Mensch hat er die wichtigsten Romane der Moderne verschlungen. Von Christa Wolf und Gabriel García Márquez, Tom Wolfe, Bruce Chatwin und Paul Bowles, von Günter Grass bis Albert Camus.[66]

Scholz kennt sich nicht nur in der deutschen Literatur, sondern auch in der französischen, englischen und amerikanischen bestens aus. Und das nicht nur bei Romanen, sondern auch in der Wirtschaftspolitik, der Soziologie und auch der Philosophie.

Als ich ihn vor seiner Wahl zum Kanzler auf Max Weber und dessen 1919 gehaltenen Vortrag »Politik als Beruf« ansprach und fragte: »Lebt man ›für‹ die Politik oder ›von‹ der Politik?«, kannte er nicht nur die Thesen Webers bis ins kleinste Detail, sondern betonte auch, dass man den Text nicht aus seinem Kontext löscn dürfe. Denn als Weber diese Gedanken äußerte, hätten Abgeordnete erst seit einigen Jahren Diäten erhalten, davor lebten sie ausschließlich »für« die Politik. Bismarck hatte damit erreichen wollen, dass sich nur Vermögende zur Wahl stellten. Erst auf Druck der SPD wurden 1906 Diäten per Gesetz beschlossen.

Scholz betonte, dass man Politik machen solle für den »Sinn«. Als Siebzehnjähriger war er in die SPD eingetreten und ist seitdem politisch aktiv. Lange Zeit ehrenamtlich. Aber man müsse auch davon leben können, wenn man – wie er – 1998 zum Bundestagsabgeordneten gewählt werde, aber über kein Vermögen verfüge. In unserem Gespräch[67] betonte er, dass er sich in Webers Sinn als »Verantwortungsethiker« sehe, also als jemand, der stets die Folgen seines politischen Handelns bedenke – im Gegensatz zum »Gesinnungsethiker«, der etwas Gutes tue, ganz gleich, welch schreckliche Folgen das haben könne.

Im Sommer 2023 machten Scholz und seine Frau Urlaub in Südfrankreich, dabei las der Kanzler Bücher des französischen Historikers und Soziologen Pierre Rosanvallon über die Gesellschaft und die Prüfungen des Lebens. Rosanvallon, einer der wichtigsten Theoretiker Frankreichs, gehört zu den Kritikern Macrons, dem er anlässlich der Rentenreform vorwarf, zwar nicht die Verfassung, aber den Gedanken der Demokratie zu verletzen.

Über seine Belesenheit fand Scholz auch den Kontakt zu Emmanuel Macron. Als der französische Staatspräsident zum Staatsakt für Wolfgang Schäuble nach Berlin kam und seine Rede zum Teil auf Deutsch hielt, setzten sich Scholz und Macron hinterher zwei Stunden im Kanzleramt zum Gespräch zusammen. Scholz empfand es als persönlich sehr angenehm, mit Macron zu »plaudern«. Für ihre Unterhaltung benötigten sie keinen Sprechzettel, denn sie hatten genügend Themen. Scholz hatte gerade das Buch des Senegalesen Mohamed Mbougar Sarr *Die geheimste Erinnerung der Menschen* gelesen.

Ein politischer Bildungsroman, der sich mit dem Thema des Kolonialismus auseinandersetzt und gleichzeitig Elemente eines Kriminalromans beherbergt. Mohamed Mbougar Sarr ist im Senegal geboren und als 19-Jähriger nach Frankreich gezogen, um dort sein Studium fortzusetzen. Auf die Frage, weshalb er auf Französisch schreibe, antwortet Sarr:

»Ich hatte keine Wahl: Im Senegal lernen alle Kinder in der Grundschule auf Französisch Lesen und
Schreiben – eine Folge des Kolonialismus, mit der
jeder afrikanische Autor meiner Generation zu tun
hat. Ich kann Serer und Wolof sprechen – es sind
meine Muttersprachen –, aber nicht schreiben.
Meine Schriftsprache ist das Französische. Manchmal habe ich das Gefühl, damit ein gewisses Opfer
zu bringen, denn oft kann ich auf Französisch nicht
genau das ausdrücken, was ich möchte. Als würde
mir darin eine gewisse Tiefe fehlen, die ich nur in
meinen afrikanischen Muttersprachen finde. Ich
bringe mir gerade selbst bei, diese Sprachen auch
zu schreiben. Und vielleicht wird sich die Situation
an Grundschulen in Zukunft ebenfalls ändern.«[68]

Diese Thematik fasziniert Scholz, den das Neue,
das Unbekannte reizt. Sarr hat für sein Buch als erster Senegalese im Herbst 2021 den wichtigsten französischen Buchpreis, den Goncourt, erhalten. Und
natürlich kennt jeder französische Präsident das
Buch des jährlichen Literaturpreises. Das gehört in
Frankreich zum guten Ton.

Der Bürgersohn Emmanuel Macron – sein Vater
war Arzt – beschreibt sich selbst als jemanden, der
in seiner Jugend von Texten und Worten lebte.
Seine Großmutter war Lehrerin gewesen, und ab
dem Alter von fünf Jahren ging der kleine Emmanuel nach der Schule zu ihr. »Ich verbrachte lange
Stunden damit, Grammatik, Geschichte, Geogra-
fie zu lernen… und zu lesen. Ich habe ganze Tage
mit ihr verbracht, um laut vorzulesen. Molière
und Racine… Das wahre Leben fehlt nicht, wenn

man liest. Ich reiste nur im Geiste. Ich kannte die Natur, die Blumen und die Bäume, durch den Stil der Schriftsteller und noch mehr durch die Verzauberung, die sie entwickelten. Bei Colette habe ich gelernt, was eine Katze ist oder eine Blume, und bei Giono den kalten Wind der Provence und die Wirklichkeit der Charaktere. Gide und Cocteau waren meine unersetzlichen Begleiter.«[69] – Macron nahm die Wirklichkeit nicht durch Erleben wahr, sondern im Umweg über die literarische Beschreibung, die eine künstlerische, vielleicht faszinierendere Welt darstellt.

Es sind eher die Autoren aus dem frankofonen Raum, die Macron interessieren, wenn er auch *Die Blechtrommel* von Günter Grass oder *Das Parfum* und *Der Kontrabass* von Patrick Süskind kennt.

Der Lebenslauf von Emmanuel Macron entspricht dem eines französischen Elitezöglings. In Amiens geboren und aufgewachsen, wechselte er im Alter von sechzehn Jahren auf das Elitegymnasium »Henri IV« in Paris, wovon er heute noch schwärmt: »Ich würde an Orten wohnen, die nur in Romanen vorkommen, ich ginge die Wege, die die Personen von Flaubert und Victor Hugo gegangen waren. Ich würde vom gleichen, alles verschlingenden Ehrgeiz getrieben wie die jungen Wölfe bei Balzac...«

Sein Weg über weitere Eliteschulen, die Science Po und schließlich die ENA, aus der Minister, Premierminister und Präsidenten der Republik hervorgingen, prägte sein Denken.

Während Scholz als Juso in die Politik strebte und eine lange politische Karriere über den Senatorenposten in Hamburg, als Generalsekretär der SPD und Arbeitsminister unter Schröder, schließlich als Erster Bürgermeister von Hamburg vorweisen konnte, stellte Emmanuel Macron sich zum ersten Mal einer Wahl, als es darum ging, Staatspräsident zu werden.

# Beziehungskrise – Trennung von Problemen, nicht vom Partner

Wenn nun die Presse in Deutschland von einer »verstörenden Beziehungskrise«[70] schrieb oder die Pariser Presse meinte, »Macron-Scholz: un couple franco-allemand en crise«[71], dann liegt das weniger an ihrer persönlichen Beziehung als an einer Reihe grundsätzlicher Wesensmerkmale zwischen Deutschland und Frankreich.

Zwei unterschiedliche Wirtschaftsformen erschweren das Verständnis. Ein zentralistisch regiertes Land mit Hang zum Protektionismus steht einer föderal organisierten sozialen Marktwirtschaft mit vielen ökonomischen Freiheiten gegenüber.

Frankreich hat als Siegermacht im Zweiten Weltkrieg ein ungetrübtes Verhältnis zu Armee und Waffenindustrie, während Deutschland den Verkauf gemeinsam produzierter Waffen oft blockiert.

Zwei sehr unterschiedliche Regierungsformen – ein präsidiales und ein parlamentarisches System – machen es beiden schwer, den anderen zu verstehen. Eine vertikale Machtstruktur steht gegen Kompromisskultur. Der französische Präsident agiert. Der deutsche Bundeskanzler reagiert.

Der Präsident in Frankreich bestimmt die Außen-
und die Verteidigungspolitik nach eigenem Gutdünken, in Deutschland geht nichts ohne das Parlament. Der französische Präsident entscheidet auch
über militärische Einsätze, ernennt und entlässt die
Regierung nach Gutdünken. Er allein bestimmt,
wer Premierminister wird oder welches Ressort
leitet. Aber nicht nur in der Politik besetzt er Lei-
tungsstellen, sondern seine Macht reicht in fast alle
gesellschaftlichen Bereiche. Der Bundeskanzler hingegen ist in eine Koalition eingebunden, abhängig
von den die Regierung tragenden Parteien und Entscheidungen des Bundestages, auch von der Stimmung in seiner Fraktion.

Am stärksten unterscheiden sich jedoch die
Wahrnehmungen der jeweiligen nationalen Identität. Frankreich strebt immer noch nach einer Füh-
rungsrolle in Europa, so Macron: »Vergessen wir
nie, dass Platz ist für eine französische Führung in
Europa«[72], und dazu sucht er die Unterstützung
Deutschlands. Bundeskanzler Olaf Scholz jedoch,
der sich als Transatlantiker bezeichnet, lehnt ein
deutsch-französisches Kondominium ab, wonach
Frankreich und Deutschland sich einigen und ihr
Ergebnis dann den anderen EU-Staaten mitteilen.
Für Scholz hat Deutschland zwar die Aufgabe, die
europäische Einheit zu fördern, aber nicht zu führen.

Olaf Scholz hat die Sorbonne-Rede von Macron
sorgfältig gelesen und den einen oder anderen Fehler entdeckt, den Macron seither korrigiert hat. Aber
tief im Inneren zweifelt er wohl daran, ob Macron

auch immer Europa meint, wenn er Europa sagt. Das verwundert nicht, wenn man liest, wie Macron schon vor seiner Wahl das Projekt »Europa neu gründen« definiert: »Dieses Projekt ruht auf einem dreifachen Versprechen: ein Versprechen von Frieden, von Wohlstand und von Freiheit. Ein zutiefst französisches Projekt.«[73]

In Kreisen der französischen Berater Macrons wird bedauert, dass es an Vertrauen und an Intimität fehle in der Beziehung zu Scholz.

War das je bei einem deutsch-französischen Duo anders? Es lohnt ein Blick zurück in die Geschichte der deutsch-französischen Paare.

Gewiss gab es Momente der Intimität zwischen Schmidt und Giscard, als Schmidt seinem französischen Freund anvertraute, dass er einen jüdischen Vorfahren habe. Aber später weigerte sich Giscard, den Karlspreis gemeinsam mit Schmidt entgegenzunehmen. Was beide politisch antrieb, war die Entwicklung der gemeinsamen europäischen Währung. Wie sie dies zum Teil in aller Heimlichkeit vorbereiteten und in der EU durchsetzten – man denke nur an die Einführung des Ecu –, zeugte von großem Vertrauen. Solch ein Projekt eint.

Zwischen François Mitterrand und Helmut Kohl bestand eine wechselseitige Beziehung, die anfangs nicht von großem Vertrauen getragen war. Mitterrand ließ über seinen Außenminister Roland Dumas manchmal bei Genscher nachfragen, wie er Kohls Handlungen einzuschätzen habe. Dennoch haben die Auseinandersetzungen während des deutschen Einheitsprozesses sie einander nähergebracht. Kohl hätte bei der Gedenkfeier für Mitterrand in Nôtre-Dame keine Träne vergossen, wenn er nicht auch Gefühle empfunden hätte.

Es mag wohl eine Ausnahme gewesen sein, dass Jacques Chirac und Gerhard Schröder sich am Ende nicht nur vertrauten, sondern auch eine sehr persönliche, intime Beziehung entwickelten. Dazu wird ihr ursprünglich heftiger Streit um die Neuordnung der europäischen Instanzen beim Gipfel in Nizza beigetragen haben, der bei Chirac zum Bedürfnis führte, das Verhältnis zu entspannen.

Vertrauen entwickelte sich spätestens bei der großen Frage, ob Chirac mit Frankreich Schröders Entscheidung, Deutschland aus dem militärischen Engagement im Irak-Krieg herauszuhalten, unterstützen würde. Er tat es. Schröder bewies schließlich, welches Vertrauen er in Chirac setzte, als er ihn 2003 bat, beim EU-Treffen für Deutschland zu stimmen. Und eine kleine private Unterhaltung zeigt, wie eng und intim sie miteinander umgingen: Anfang September 2003 trafen sich Schröder und Chirac mit ihren Frauen in Dresden zu einem Mittagessen à la »Blaesheim«. Anschließend besichtigten sie das Grüne Gewölbe, die Frauenkirche und die Stadt. Chirac schlug vor, ein Bier zu trinken. Schröder fand das eine hervorragende Idee. Sie wurden nur von Claude Martin, dem französischen Botschafter, und dessen Frau begleitet. Als sie beim Bier saßen, fragte Chirac: »Sag mir mal, Gerhard, wie viele Amtszeiten willst du noch machen?« – »Gerade was es braucht, um mein Programm umzusetzen. Eine oder zwei.« – »Und was willst du dann

machen?« – »Sicher nicht in der Politik weiterma-
chen. Wenn es vorbei ist, ist es vorbei. Ich werde
leben, und ich werde Geld verdienen.« – »Dann
kannst du Doris schöne Geschenke machen.« – Chirac wandte sich der Frau des Kanzlers zu: »Liebe
Doris, bereiten Sie sich vor. Welches Geschenk
würde Ihnen am meisten gefallen?« – »Ich träume
von einer Hermès-Tasche.«[74] – Chirac lachte und
zählte ihr die verschiedenen Modelle auf – Le Kelly,
Le Birkin –, damit sie wisse, woraus sie zu wählen
hätte.

Weder die Zeiten noch die Persönlichkeiten der
Politiker lassen sich vergleichen. Emmanuel Macrons
Stärke in der Politik ist die Kunst der öffentlichen
Kommunikation. Allein durch tagelang in ganz
Frankreich geführte Bürgergespräche ist es ihm ge-
lungen, die Gelbwestenbewegung zu beruhigen.
Dagegen wird in Deutschland sogar in seiner eige-
nen Partei beklagt, dass es dem Bundeskanzler ent-
scheidend an der Kunst der Vermittlung mangele.

Grundsätzlich gilt immer noch: Die Voraussetzung für Vertrauen ist, den anderen verstehen zu
können. Das heißt, dass man sich nicht nur über
Literatur unterhält, sondern auch über grundsätzlich Politisches. Wenn dies nicht geschieht, verstö-
ren spontane, also nicht abgesprochene Erklärun-
gen. So geschehen bei der Aussage des französischen
Präsidenten, wonach die NATO hirntot sei,[75] die auf
einen deutschen Bundeskanzler traf, für den genau
diese Allianz der zentrale Garant der Sicherheit
Deutschlands und Europas bleibt.

Ein anderes Beispiel: Frankreich wurde Anfang

2024 öffentlich kritisiert, weil es im Vergleich mit anderen europäischen Staaten am wenigsten Waffen an die Ukraine liefere, gerade einmal im Wert von 540 Millionen Euro im Vergleich zu 17,1 Milliarden aus Deutschland.[76] Spontan organisierte der französische Präsident im Februar einen Ukraine-Gipfel, auf dem er sich auf der Abschlusspressekonferenz hämisch und ein wenig bösartig über Deutschland lustig machte wegen der ursprünglich angebotenen Lieferung von Helmen und Schlafsäcken.

Wahrscheinlich reden die Berater im Élysée untereinander in der von Macron geäußerten Art und Weise über die Deutschen, und der Präsident nimmt es unkontrolliert auf. Mich erinnert dieses Aufplustern allerdings an den Satz meines Metzgers in der Rue de Varenne, als ich in Paris arbeitete: Der Hahn sei Frankreichs Wappentier, und das habe seinen Grund, er stehe mit den Füßen im Mist und schreie, sich gockelhaft spreizend, in den Himmel.

Als Macron dann auch noch ohne Rücksprache mit den europäischen Partnern erklärt, der Einsatz westlicher Bodentruppen in der Ukraine im Kampf gegen Russland sei denkbar, widerspricht ihm der deutsche Bundeskanzler tags darauf deutlich: Es werde keine Bodentruppen aus EU- oder aus NATO-Staaten in der Ukraine geben.

Nun mögen Berater von Bundeskanzler Scholz dem einen oder anderen deutschen Journalisten »stecken«, der Kanzler sei »empört« über das Verhalten des französischen Präsidenten. Macron folgt mit seiner Linie aber der französischen Außenpolitik seit sechzig Jahren. Als Präsident hat General Charles de Gaulle ganz bewusst Frankreichs selbstständige Positionierung in der Weltpolitik betrieben, und dazu gehörte auch die besondere Beziehung von Paris zu Moskau. De Gaulles Nachfolger Georges Pompidou berief sich darauf und zeigte sich verärgert, als sich Willy Brandt mit seiner Ostpolitik in den Vordergrund schob. In de Gaulles Tradition hat Emmanuel Macron, kaum war er Präsident, versucht, dem russischen Präsidenten zu zeigen, dass Frankreich als besonderer Gesprächspartner zur Verfügung stünde. Kaum zwei Wochen nach seinem Amtsantritt als französischer Staatspräsident empfing er in einem eilig verabredeten Treffen den russischen Präsidenten Putin mit großem Prunk im Schloss von Versailles, wo eine Ausstellung dreihundert Jahre besondere Beziehungen beider Länder seit Peter dem Großen zeigte. »Der Dialog zwischen Frankreich und Russland hat nie aufgehört«, erklärte Macron. »Ich wünsche mir, dass wir gemeinsam über die Themen sprechen können, die unsere beiden Länder angehen.«[77]

Trotz mancher kritischer Worte von Macron über russisches Verhalten zeigte sich Putin geschmeichelt. Er war noch nie in Versailles gewesen.

Zwei Jahre später lud Macron den russischen Präsidenten in seinen offiziellen Sommersitz, das Fort de Brégançon, an die Côte d'Azur ein. Ein Treffen, das die Weltöffentlichkeit erstaunte, denn es fand eine Woche vor dem G7-Treffen in Biarritz statt, zu dem Putin nicht mehr eingeladen wird, seitdem Russland die Krim besetzt hält.

Nach dem Ausbruch des Kriegs gegen die Ukraine telefonierten sowohl Bundeskanzler Scholz wie auch der französische Präsident abwechselnd mit Putin. Macron hielt den Gesprächsfaden am längsten. Allerdings war er dann auch zu einem radikalen Schwenk bereit. Mitte 2023 begannen im Élysée die Überlegungen, ob Frankreich nicht fordern solle, dass auch NATO-Soldaten der Ukraine im Krieg gegen Russland helfen sollten. Im Januar 2024 – bei ihrem Gespräch nach seiner Rede im Bundestag – schlug Macron diese Idee Bundeskanzler Scholz vor, der sie aber klar ablehnte.

Nach dem öffentlichen Schlagabtausch und der »Empörung« im Kanzleramt wurde schnell ein Treffen des »Weimarer Formats« in Berlin organisiert – Polen, Frankreich, Deutschland –, wurden die Wogen geglättet.

Insgeheim wurde die Beruhigung von französischer Seite mit Genugtuung als Erfolg gewertet. Und der Gedanke machte in Paris die Runde: Frankreich könne mit seiner *grande armée* den militärischen Einsatz übernehmen, Deutschland solle dafür die Kosten übernehmen. Ich fürchte, der Weg hin zu gegenseitigem Vertrauen ist damit vorerst verstellt.

Von den Beratern aus dem Élysée-Palast kommt die Klage, auch Scholz habe nicht immer die Pariser Regierung informiert, etwa als Berlin den 200 Milliarden Euro schweren Wirtschaftsstabilisierungsfonds mit Blick auf Russland und die Ukraine 2022 reaktivierte. Oder als der Bundeskanzler in seiner Europa-Rede in Prag im Jahr 2022 die 2017 an der Sorbonne geäußerten Europa-Vorschläge von Macron nicht entsprechend gewürdigt habe. Diese kleine Geste hätte Scholz gut zu Gesicht gestanden. Aber zu solch kleinen symbolischen Zeichen scheinen deutsche Kanzler und Kanzlerinnen nicht fähig zu sein.

Wenn kein großes Ziel einen französischen Präsidenten und einen deutschen Bundeskanzler zum gemeinsamen Handeln zwingt, wird jeder weiterhin dem nationalen Denken den Vorrang geben. Sei es in der Industriepolitik, in Fragen der Finanzregulierung, sei es in der Energiepolitik oder der Frage gemeinsamer Waffenproduktion. Solch ein großes, sie gemeinsam motivierendes Ziel könnte Europa heißen. Aber »Europa« klingt zwar gut, bleibt jedoch sehr abstrakt.

Wahrscheinlich werden erst äußere Ereignisse einen französischen Präsidenten und einen deutschen Bundeskanzler zu gemeinsamem Handeln zwingen. Da mag man sich vieles ausdenken: Sei es ausgeprägter Isolationismus einer US-Regierung, sei es der Angriff eines östlichen NATO-Mitglieds durch Russland, sei es die immer noch wachsende Wanderungsbewegung nach Europa.

Zu meiner Geschichte der deutsch-französischen Beziehungen gehört aber nicht nur diese verhaltene politische Einschätzung, sondern auch die Feststellung: Der normale Franzose und der normale Deutsche betrachten sich inzwischen als gute Freunde.

Als ich letztens bei einem Spaziergang in Südfrankreich meinen Nachbarn Marc traf, erzählte er mir von seiner Familie. Marc ist Mitte siebzig. Und lachend erinnerte er sich an zwei seiner Onkel, die im Zweiten Weltkrieg in deutsche Kriegsgefangenschaft geraten waren. Später hätten sie immer fröhlich erzählt, dort sei alles besser organisiert gewesen als an der Maginot-Linie, dem französischen Schutzwall im Osten Frankreichs gegen einen deutschen Einmarsch. Und das Essen sei auch viel besser gewesen. Marc und seine Onkel sind sicher nicht geschichtsvergessen, aber dieses humorvolle Körnchen Wahrheit gehört zu dem, was Deutsche und Franzosen voneinander unterscheidet und worin sie voneinander lernen können.

In seiner Rede vor der *Académie de Berlin* forderte der ehemalige französische Außenminister Hubert Védrine schon 2012 die Deutschen auf, sie sollten international mehr Verantwortung übernehmen, sie sollten »normaler« werden. In der anschließenden Diskussion antwortete darauf der ehemalige deutsche Außenminister Joschka Fischer trocken: »Werd' wieder ›normal‹, sagt man eigentlich nur zu Leuten, von denen man meint, sie seien nicht ganz normal im Kopf.« – Normal schien zu sein, was Helmut Schmidt zehn Jahre nach der Wiedervereinigung in seinem politischen Testament *Außer Dienst* schrieb: »Dabei war es für mich immer selbstverständlich, auf der Weltbühne den Franzosen den Vortritt zu lassen (wobei ich die habituelle Würde, mit der die französischen Staatspräsidenten auf dieser Bühne agierten, immer positiv registriert habe).«[78]

Diese Normalität ist in den letzten Jahren der

Kanzlerschaft Merkel – seit der durch Griechenland ausgelösten EURO-Krise, aber spätestens seit dem Amtsantritt von Olaf Scholz – einer Normalität gewichen, wie sie Hubert Védrine und wahrscheinlich auch Frankreich nicht recht ist.

Olaf Scholz erklärt in seiner Rede von der »Zeitenwende«: »Das setzt eigene Stärke voraus«. Mit diesem Auftritt des Kanzlers in der Sondersitzung des Bundestages und der in den Jahren danach gewachsenen Verantwortung als zweitgrößter Unterstützer der Ukraine nach den USA hat sich die Identität Deutschlands gewandelt. Es strahlt jetzt Stärke aus.

Die Stärke Deutschlands ist allerdings eine alte französische Zwangsvorstellung, in der die Angst vor dem eigenen Niedergang verankert ist.

»Der Minderwertigkeitskomplex steckt in der kollektiven Psyche«, zitiert *Le Monde* den Abgeordneten Mathieu Lefèvre, der Macrons Bewegung angehört. »Genauso wie unser Überlegenheitsgefühl gegenüber den Ländern Südeuropas.«[79]

Aber dann bekomme ich doch einen Schreck. Denn so reflektiert sind nicht alle. Was wäre, wenn in Frankreich Populisten wie Trump an die Macht kämen?

Der linke Populist Jean-Luc Mélenchon sieht in der deutschen Politik immer noch Bismarck am Werk. Deutschland sei eine Gefahr und bedrohe die französische Zivilisation. Er hat in den letzten Wahlen gerade bei jungen Menschen besonders gut abgeschnitten.

Die rechte Populistin Marine Le Pen, die bei der letzten Präsidentschaftswahl erschreckend nah an die absolute Mehrheit kam, würde mindestens die Zusammenarbeit in verteidigungspolitischen Fragen mit Deutschland beenden. Sie wirft Deutschland vor, für »die absolute Verneinung der französischen strategischen Identität«[80] zu stehen. Le Pen würde Europa blockieren.

Als Optimist glaube ich: Ein Krieg zwischen Deutschen und Franzosen ist »out«, ist Geschichte. Wir erinnern uns zwar an die Vergangenheit, und das ist auch gut so, aber in der Erinnerung zu verharren bedeutet, in der Geschichte und daraus resultierend auch in Verblendungen verhaftet zu sein.

Uns allen ist bewusst: In beiden Ländern muss viel mehr in die Zukunft Europas investiert werden. Das fängt beim Engagement für die deutsch-französische Verständigung an. Verständigung aber setzt Verstehen voraus. Derzeit lernen immer weni ger Schüler Französisch oder Deutsch.

Zu wenig wird die Kultur der Nachbarn unterrichtet. Ich halte das für verhängnisvoll. Zu wenig wird die Bedeutung der Gemeinsamkeit für Europa vermittelt. Zu wenig in den Schulen, zu wenig in der Politik, zu wenig auch in der Kultur. All das halte ich für erschreckend.

Erinnerung muss uns anregen, nach vorn zu schauen und alles zu unternehmen, um die Zukunft vertrauensvoll zu gestalten und Fehler zu verhindern. Wir können auf beiden Seiten des Rheins täglich lesen, hören, sehen, dass das *couple franco-allemand* sich in der Krise befinde. Gründe zu jammern gibt es zur Genüge.

Aber der Weg, den ich in den letzten Jahrzehnten

mitgegangen bin, beruhigt mich. In der Geschichte sind fünfundsiebzig oder achtzig Jahre seit dem Ende des Zweiten Weltkriegs nur ein kurzer Moment. Deshalb wage ich zu sagen, es gibt in der Geschichte kein Beispiel für eine solch rasante Entwicklung von einer »Erbfeindschaft« hin zu dauerhaftem Frieden und Freundschaft nicht nur zwischen zwei Ländern, sondern in Europa. Und wir sehen ja trotz vieler Tiefpunkte: Ein Ende dieser Entwicklung ist nicht in Sicht.

# Postskriptum

Allzu lang hat die anfangs geschilderte Empörung nicht angehalten. Wenig später saßen die Ehepaare Scholz und Macron in der *Rotonde*, dem Lieblingsrestaurant des französischen Präsidenten. Scholz war privat für ein paar Tage über Himmelfahrt nach Paris gefahren, um seine Frau zu besuchen, die dort für drei Wochen Französisch gelernt hatte. Vorbereitung für den Sommerurlaub in der Bretagne. Das Treffen sei äußerst harmonisch verlaufen, ließ der französische Botschafter François Delattre verlautbaren.

Wenig später stellten die beiden ein lustiges Video ins soziale Netzwerk.

Macron, der in aufgekrempelten Hemdsärmeln – aber mit Krawatte – zu sehen ist, fragt: »Le couple franco-allemand est-il toujours d'actualité?« (Ist das deutsch-französische Paar immer noch aktuell?)

Scholz in dunkler Jacke, aber ohne Schlips, antwortet auf Französisch: »Bonjour, chers amis, je vous le confirme. Vive l'amitié franco-allemande.« (Guten Tag, liebe Freunde, ich bestätige es. Es lebe die deutsch-französische Freundschaft.)

Macron, jetzt auf Deutsch: »Danke Olaf, ich stimme Dir sehr zu.«

Ende Mai 2024 holte Emmanuel Macron seinen ein Jahr zuvor abgesagten Staatsbesuch in Deutschland nach. Bei all seinen Auftritten beschwor er die Freundschaft der beiden Länder. In seiner Tischrede beim Staatsbankett im Schloss Bellevue, zu dem Bundespräsident Frank-Walter Steinmeier 130 Gäste eingeladen hatte, sagte Macron: »Die deutsch-französischen Beziehungen können alles überdauern – alles außer Gewohnheit, außer Gleichgültigkeit, die oft heimtückischer ist als Feindseligkeit.«

Und Macron kündigte an, dass der Bundeskanzler am 6. Juni zum 80. Jahrestag der Landung an der Normandie kommen werde, und am 10. Juni werde Bundespräsident Frank-Walter Steinmeier an einer Gedenkfeier anlässlich des Massakers in Oradour-sur-Glane teilnehmen.

Am späten Abend standen Macron, Scholz und Angela Merkel bei einem offenen, sehr vergnügten Gespräch zusammen. Weil Scholz, bestätigt durch Merkel, mich Macron als den besten Botschafter der Franzosen in Deutschland vorstellte, kamen wir schnell ins Gespräch. Mit Nachdruck wehrte er das Gerede von einer Krise ab. Wir stimmten überein, dass es grundsätzliche Unterschiede gäbe, die dazu führten, dass Frankreich und Deutschland in einigen Punkten entgegengesetzte Auffassungen hätten. Etwa bei Fragen der Atomenergie.

Als ich ihm meine These vortrug, dass beide Kulturen von einem anderen Naturbegriff ausgingen, warf er sofort den Namen des deutsch-amerikanischen Gelehrten Hans Jonas ein, der in *Das Prinzip Verantwortung* über die Dialektik von Macht über

die Natur und Zwang zu ihrer Ausübung philoso-
phiert. Das meinte ich zwar nicht, aber es machte
mir klar, das Macron hochintellektuell abstrahiert.
Er erkundigte sich dann, weshalb die AfD gerade in
Ostdeutschland so stark sei, und Merkel und Scholz
erklärten es ausführlich – beide auf Englisch. Hier
war von einer Krise zwischen den Politikern nicht
die Spur zu spüren. Als Merkel sich ihr Glas nachfül-
len ließ, bat Macron auch um ein weiteres Getränk.
Merkel erzählte, dass sie zwar in Hamburg geboren
wurde, aber als junger Mensch in der DDR nie unter
Verlustängsten gelitten habe.

Macrons Besuchsprogramm umfasste die Zeit,
die meine Geschichte der deutsch-französischen
Beziehungen abdeckt. Am Montag früh zeichnete
er Beate und Serge Klarsfeld wegen ihrer Aufklä-
rungsarbeit über die Nazigräuel mit den höchsten
Orden der *Légion d'Honneur* in der französischen
Botschaft aus, mittags traf er sich in einem Gasthof
bei Dresden mit der »Generation Europa«, jungen
Menschen, die vom Deutsch-französischen Jugendwerk ausgewählt und auf das Treffen mit dem französischen Präsidenten vorbereitet worden waren.
Am Nachmittag griff er vor der Frauenkirche de
Gaulles Rede an die deutsche Jugend von 1962 auf
und hielt – teilweise auf Deutsch – eine Rede an die
Jugend Europas. Die fast 15 000 jungen Menschen
applaudierten begeistert. Entspannt euch, sagte ich
mir. Die nächste Krise mag kommen. Aber es bleibt
eine Konstante: die deutsch-französische Freundschaft.

# Anmerkungen

1  *Le Monde*, »France-Allemagne, un tandem à l'épreuve de la guerre«, 10./11.03.2024, S. 18–19.

2  *Le Monde*, »France-Allemagne, un tandem à l'épreuve de la guerre«, 10./11.03.2024, S. 18–19.

3  Attali, Jacques: »La guerre entre la France et l'Allemagne redevient possible«. In: *Les Echos*, 27.10.2022.

4  Delmas, Philippe: *De la prochaine guerre avec l'Allemagne*. Paris 1999, S. 197.

5  Gourdeault-Montagne, Maurice: *Les autres ne pensent pas comme nous*. Paris 2022, S. 207.

6  Maillard, Pierre: *De Gaulle und Deutschland*. Bonn 1991, S. 275.

7  Maillard, Pierre: *De Gaulle und Deutschland*. Bonn 1991, S. 279.

8  Vertrag zwischen der Bundesrepublik Deutschland und der Französischen Republik über die deutsch-französische Zusammenarbeit. 22. Januar 1963.

9  De Gaulle, Charles: »Rede an die deutsche Jugend« vom 09.09.1962. Online: https://degaulle.lpb-bw.de/rede-wortlaut [10.03.2024].

10  Seydoux, François: *Botschafter in Deutschland. Meine zweite Mission 1965 bis 1970.* Frankfurt 1978, S. 152.

11  Ursprünglich verniedlichte man Ende des 19. Jahrhunderts Begriffe mit dem Suffix »*-oches*«, wie *fantoches* für Marionetten, *pantoches* für Pantoffeln, und aus *les Allemands* wurde *les Alboches*. Im Ersten Weltkrieg aber wurde daraus *les sales boches*, die dreckigen Boches.

12  Binoche, François: »Diese Deutschen sind gefährlich«. Interview. In: *Spiegel* 39/1975, S. 89–95.

13 Martin, Claude: *Quand je pense à l'Allemagne, la nuit.* La Tour d'Aigues 2023, S. 730.

14 Eines davon hängt heute im Guggenheim-Museum in New York.

15 Das Gespräch kann noch heute in der Mediathek angesehen werden. Online: https://www.youtube.com/watch?v=v0hVzaA1_FU

16 Diese Abteilung hatte meinen Vater 1939 im Alter von fünfundzwanzig Jahren als freien Mitarbeiter an die Deutsche Botschaft nach Schanghai und später nach Tokio, wo ich geboren wurde, entsandt.

17 Klarsfeld, Beate und Serge: *Erinnerungen.* München 2017, S. 136 ff.

18 Wickert, Ulrich: Nazis an der Universität. In: Ders.: *Neugier und Übermut. Von Menschen, die ich traf.* Hamburg 2012, S. 51.

19 Klarsfeld, Beate und Serge: *Erinnerungen.* München 2017, S. 95.

20 Nach dem Vertrag zur Regelung aus Krieg und Besatzung entstandener Fragen, dem sogenannten Überleitungsvertrag, konnten ursprünglich NS-Verbrechen, die bereits von den westlichen Besatzungsmächten verfolgt und strafrechtlich abgeschlossen worden waren, nicht mehr in Deutschland verfolgt werden.

21 Wickert, Ulrich: »Geschichte zwischen Amnestie und Amnesie«. In: Ders.: *Frankreich, eine wunderbare Illusion.* Hamburg 1989, S. 147 ff.

22 Jeanneney, Jean-Noel: »Amnisties«. In: *Le Monde,* 01.09.1987, S. 2.

23 Sauzay, Brigitte: »Wir brauchen ein glückliches Deutschland«. In: *Dokumente. Zeitschrift für den deutsch-französischen Dialog* 2/1987, S. 95.

24 Später wird sie unter Außenminister Roland Dumas als Staatsministerin zuständig für Europa, in der Regierungszeit von Präsident Chirac ernennt sie Premierminister Lionel Jospin zur Justizministerin.

25 Unter Premierminister Lionel wird er Außenminister.

26 Wickert, Ulrich: *Und Gott schuf Paris.* Hamburg 1993, S. 339 ff.

27 Ebenda, S. 359.

28 Wickert, Ulrich (Hrsg.): *Angst vor Deutschland*. Hamburg 1990, S. 21.

29 Wickert, Ulrich: *Vom Glück, Franzose zu sein*. Hamburg 1999, S. 337.

30 Wickert, Ulrich (Hrsg.): *Angst vor Deutschland*. Hamburg 1990, S. 307.

31 Mitterrand, François: *De l'Allemagne, de la France*. Paris 1996.

32 Kiejman, Georges: »J'assiste à la chute du mur de Berlin«. In: *Historia*, 01.05.2008. Online: https://www.historia.fr/histoire-du-monde/europe-de-l-ouest/jassiste-a-la-chute-du-mur-de-berlin-2050423 [17.03.2024].

33 www.hubertvedrine.net

34 Dazu und weiter: Engelkes, Heiko: »Liaison ohne Leidenschaft«. In: *Rendezvous. Unsere Affäre mit Frankreich*. Felix Leibrock (Hrsg.). Weimar 2006, S. 47.

35 Mitterrand, François: *De l'Allemagne, de la France*. Paris 1996, S. 169.

36 Mitterrand, François: *De l'Allemagne, de la France*. Paris 1996, S. 136.

37 Mitterrand, François: *De l'Allemagne, de la France*. Paris 1996, S. 152.

38 In Frankreich aber ganz offiziell: Vier-plus-zwei.

39 IFOP-Meinungsumfrage. In: *Le Monde*, 04.07.1989.

40 Finkielkraut, Alain. In: *Libération*, 01.09.1992.

41 July, Serge. In: *Libération*, 18.09.1992, S. 3.

42 Zit. nach Vernet, Daniel: *La renaissance allemande*. Paris 1992.

43 Braudel, Fernand: *Frankreich. 1. Raum und Geschichte*. Dt. Ausgabe. Stuttgart 1989, S. 20.

44 Wickert, Ulrich: *Frankreich, die wunderbare Illusion*. Hamburg 1989, S. 228.

45 Koechlin, Elisabeth: *Wesenszüge des deutschen und des französischen Volksmärchens*. Basel 1945, S. 58 ff.

46 Schröder, Gerhard: *Entscheidungen – Mein Leben in der Politik*. Hamburg 2006, S. 326.

47 Schröder, Gerhard: »Europa hat einen ganz Großen verloren«. In: *Die Welt*, 30.09.2019. Online: https://www.welt.de/politik/ausland/article201145674/

Gerhard-Schroeder-ueber-Jacques-Chirac-Europa-hat-einen-ganz-Grossen-verloren.html [17.03.2024].

48 Schröder, Gerhard: *Entscheidungen. Mein Leben in der Politik.* Hamburg 2006, S. 350.

49 Schröder, Gerhard: »Europa hat einen ganz Großen verloren«. In: *Die Welt*, 30.09.2019. Online: https://www.welt.de/politik/ausland/article201145674/ Gerhard-Schroeder-ueber-Jacques-Chirac-Europa-hat-einen-ganz-Grossen-verloren.html [17.03.2024].

50 Schröder, Gerhard: »Europa hat einen ganz Großen verloren«. In: *Die Welt*, 30.09.2019.

51 Schröder, Gerhard: *Entscheidungen. Mein Leben in der Politik.* Hamburg 2006, S. 243.

52 Schröder, Gerhard: *Entscheidungen. Mein Leben in der Politik.* Hamburg 2006, S. 340.

53 Ipsos – Umfrage zum 60. Jahrestag des Élysée-Vertrags – Heinrich-Böll-Stiftung/Fondation de l'Écologie Politique – Dezember 2022.

54 Martin, Claude: *Quand je pense à l'Allemagne, la nuit.* La Tour-d'Aigues 2023.

55 Ebenda, S. 24.

56 Martin Claude: *Quand je pense à l'Allemagne, la nuit.* La Tour-d'Aigues 2023, S. 475.

57 Dazu und im Folgenden: Martin, Claude: *Quand je pense à l'Allemagne, la nuit.* La Tour-d'Aigues 2023, S. 566 ff.

58 *Le Monde*, 06.07.2015.

59 Schäuble, Wolfgang/Sapin, Michel: *Anders gemeinsam.* Hamburg 2016 (auf Französisch erschienen unter dem Titel: *Jamais sans l'Europe.* Paris 2016).

60 Wickert, Ulrich: *Das Schloss in der Normandie.* Hamburg 2015.

61 Schäuble, Wolfgang/Sapin, Michel: *Anders gemeinsam.* Hamburg 2016, S. 80 ff.

62 Deutscher Bundestag (Hrsg.): Im Beisein von Weggefährten: Bundestag nimmt Abschied von Wolfgang Schäuble. Online: https://www.bundestag.de/dokumente/text archiv/2024/kw04-trauerstaatsakt-schaeuble-985638 [17.03.2024].

63 https://de.ambafrance.org/Initiative-fur-Europa-Die-Rede-von-Staatsprasident-Macron-im-Wortlaut

64 Kramp-Karrenbauer, Annegret: »Europa jetzt richtig machen«. In: *Welt am Sonntag*, 10.03.2019, S. 2 f.

65 »Frankreichs Außenminister gibt Kramp-Karrenbauer harsche Abfuhr«. In: *Die Welt*, 29.03.2019. Online: UN-Sicherheitsrat: Kramp-Karrenbauer kassiert Abfuhr von Frankreich – WE https://www.welt.de/politik/ausland/article191075947/UN-Sicherheitsrat-Kramp-Karrenbauer-kassiert-Abfuhr-von-Frankreich.html [17.03.2024].

66 Vgl. Scholz, Olaf (im Gespräch mit Nils Minkmar und Nicolas Richter): »Ab und an lese ich auch Comics«. In: *Süddeutsche Zeitung*, 28.7.2023. Online: https://www.bundesregierung.de/breg-de/suche/interview-kanzler-sueddeutsche-zeitung-2204586.de [17.03.2024].

67 Wickert, Ulrich: Podcast mit Olaf Scholz. Online: https://www.ulrichwickert.de/podcast-olaf-scholz/ [Juli 2020].

68 Information Hanser Verlag

69 Macron, Emmanuel: *Révolution*. Paris 2016, S. 13 f.

70 Richter, Nicolas: »Das Problem liegt bei den Chefs«. In: *Süddeutsche Zeitung*, 26.10.2022. Online: https://www.sueddeutsche.de/meinung/bundeskanzler-olaf-scholz-emmanuel-macron-paris-europa-hilfspaket-1.5682279 [17.03.2024].

71 Macron-Scholz: »Un couple franco-allemand en crise?«. In: *France24*, 26.10.2022. Online: https://www.france24.com/fr/%C3%A9missions/le-d%C3%A9bat/20221026-macron-scholz-couple-en-crise-dejeuner-elysee-sous-tension?utm_medium=social&utm_campaign=youtube&utm_source=shorty [17.03.2024].

72 Macron, a.a.O., S. 237.

73 Macron, a.a.O., S. 222.

74 Martin, Claude: *Quand je pense à l'Allemagne, la nuit*. La Tour-d'Aigues 2023, S. 754 f.

75 »Emmanuel Macron in his own words« (English). In: *The Economist*, 07.11.2019. Online: https://www.economist.com/europe/2019/11/07/emmanuel-macron-in-his-own-words-english [17.03.2024].

76 Holzer, Birgit: »Nur 540 Millionen Euro: Frankreich hinkt bei der Militärhilfe für die Ukraine deutlich hinterher«. In: *RedaktionsNetzwerk Deutschland*, 01.02.2024. Online: https://www.rnd.de/politik/frankreichs-militaer hilfe-fuer-die-ukraine-nur-540-millionen-euro-im-vergleich-zu-deutschlands-17-1-BIW2TBZKXVCQVIZ JUO5MUMATMY.html [17.03.2024]

77 *Tagesspiegel*, 29.05.2017.

78 Schmidt, Helmut: *Außer Dienst,* Berlin 2008, S. 98.

79 Conesa, Elsa: »Le gouvernement se compare à l'Allemagne pour consoler les Français«. In: *Le Monde*, 15.09.2023, S. 10.

80 *Tagesspiegel,* »Unvereinbare strategische Differenzen«, 13.04.2022.